Patrick Mioulane,

diplômé de l'école d'horticulture de la ville de Paris (école du Breuil), est journaliste spécialisé et photographe depuis plus de 40 ans dans le domaine de la nature et du jardin. Auteur de plus de 120 ouvrages, il rédige aussi la rubrique « Jardin » de nombreux magazines. Chaque samedi (de 6 à 8 h 00) depuis 2001, il est MiouMiou, l'expert jardinier de l'émission « Votre jardin » sur RMC.

MINI GUIDE HACHETTE

Bonsaïs d'intérieur

Jochen Pfisterer

Sous la direction
de Patrick Mioulane

hachette
JARDIN

Sommaire

Un Ficus retusa *âgé d'un bon demi-siècle expose ses racines, s'inscrivant dans le style* Neagari *(collection Jean-Louis Mandolin).*

Avant-propos

Les amateurs qui succombent au charme des arbres en pot en découvrant leur attrait décoratif sont de plus en plus nombreux. Mais il faut savoir choisir ces petits arbres. Les bonsaïs d'intérieur sont des végétaux originaires des zones chaudes du globe, dont la culture obéit à certaines règles. Vous ne pourrez acclimater à la maison que les espèces issues des régions tropicales et subtropicales ou, à la limite, de climat méditerranéen. La culture en pot de ces arbres n'est pas très difficile si l'on sait choisir la plante qui convient le mieux aux conditions particulières de la pièce et si l'on sait respecter les règles de « mise en forme ».
Vous trouverez dans cet ouvrage une large présentation des plus belles espèces que l'on peut transformer en bonsaïs d'intérieur. Leur sélection s'est limitée aux plantes qu'il est possible d'acquérir dans le commerce : jardineries ou spécialistes des bonsaïs.
Selon l'espèce choisie, il vous faudra apprendre à l'arroser, à la fertiliser et à la transplanter et surtout à maintenir l'esthétique de sa silhouette, voire à l'améliorer.
Riche de conseils simples, clairs et pratiques, ce petit guide vous initie aux différents styles de bonsaïs d'intérieur. Au fil des pages, vous apprendrez à reconnaître les formes, à maintenir ou à améliorer le galbe de la plante par les opérations de taille et de ligature qui sont expliquées pas à pas. Des indications sont aussi données pour combattre les ennemis et les maladies qui risquent d'attaquer les bonsaïs. Ce livre n'est pas seulement un répertoire pour apprendre à cultiver et à tailler les bonsaïs, il vous invite aussi à pénétrer dans l'univers d'un art traditionnel, où la plante, sculptée avec passion, prend l'aspect d'un arbre vénérable. Vous découvrirez ainsi l'aspect artistique de la culture du bonsaï.

Un jeune sujet de Ficus nitida 'Ginseng', *sans doute le cultivar le plus couramment proposé comme bonsaï d'intérieur dans les jardineries.*

Un monde idéal en miniature

L'art du bonsaï ne consiste pas à miniaturiser systématiquement un arbre. Il a pour but de développer des techniques qui permettent à la plante de vivre longtemps en pot, tout en développant une silhouette harmonieuse qui confine à la perfection dans son équilibre.

Qu'est-ce qu'un bonsaï ?

Le mot « bonsaï » est composé de deux caractères japonais : *bon*, qui signifie « coupe » et *sai*, « arbre ». Littéralement, les bonsaïs ne sont rien d'autre que des arbres cultivés en pots, ou plutôt des plantes qui poussent dans divers types de contenants.

La finalité de l'art du bonsaï consiste à représenter de grands arbres, très vieux, idéalisés, dont la silhouette s'est affirmée au fil du temps, parfois durant plusieurs générations.

La formation d'un bonsaï s'effectue à partir de jeunes sujets bien ramifiés juste au-dessus du collet, qui proviennent de la forêt, d'une pépinière ou d'une jardinerie. En les taillant avec méthode et en formant leur ramure à l'aide de fils métalliques, on parvient à créer petit à petit la silhouette définitive.

L'art du bonsaï

La culture du bonsaï était déjà pratiquée en Chine, il y a plus de mille ans. Les deux idéogrammes sont les mêmes en chinois et en japonais, mais la prononciation diffère : *pen-jing*, en chinois, et *bon-sai*, en japonais.

La naissance de cet art s'explique par la représentation de l'univers, propre aux Asiatiques : tous les éléments présents sur Terre, pierres, plantes, animaux, êtres humains, sont unis les uns aux autres, car ils sont sensés se réincarner sous une forme quelconque.

Un superbe Carmona microphylla.
Un sujet de style Nejikan, *âgé de 35 ans. Cet arbre originaire du Sud-Est asiatique réussit dans la maison, appréciant une pièce lumineuse. Il peut être sorti dans le jardin ou sur le balcon durant l'été.*

Dans cette philosophie, une pierre peut tout à fait évoluer en être humain ou un homme devenir plante... dans une autre vie.
Le but à atteindre représente à chaque fois une élévation spirituelle qui tend vers la perfection absolue. Lors d'une réincarnation, la forme « habitée » franchit immédiatement un stade supérieur à la précédente. Pour atteindre cette perfection, l'harmonie avec le monde et avec soi est indispensable ; l'un des moyens d'y parvenir est la méditation. Sans doute est-ce pour des raisons d'espace que les bonsaïs ont vu le jour. Plutôt que de contempler un arbre en pleine nature pour laisser son esprit vagabonder dans diverses considérations philosophiques, il est peu à peu devenu habituel de le faire chez soi, devant un arbre respectant les proportions des plus vénérables sujets de la nature, mais dont les dimensions étaient adaptées à la culture en pot, tout en obtenant des silhouettes variées à partir d'espèces différentes.

LA DÉCOUVERTE DU BONSAÏ

L'histoire des bonsaïs remonterait aux premiers jours du bouddhisme, époque où la tradition obligeait que l'on bande les pieds des femmes à la cour de l'empereur de Chine. Gautama Siddhartha, le Bouddha, avait coutume de méditer et de prêcher sous les arbres. À sa mort, ces derniers devinrent des lieux de pèlerinage. Et tandis que la doctrine bouddhiste se propageait vers l'est, ils furent peu à peu transformés en sanctuaires. Vers 60 après J.-C., la cour de l'empereur de Chine se convertit au bouddhisme et, pour échapper à la foule des pèlerins qui se pressait dans les sanctuaires arborés, la noblesse chinoise se mit à reproduire, dans ses parcs privés, les différents arbres sacrés, qui parfois même s'intégraient dans des paysages entiers. Les jardiniers réalisaient ce « miracle », en choisissant des arbres relativement jeunes, qu'ils transformaient en copies, conformes mais miniatures, des sujets auxquels le culte était rendu.
Lorsqu'au XIe siècle, les femmes chinoises de la cour commencèrent à se bander les pieds, il leur devint difficile de marcher. Elles se faisaient porter dans le jardin pour y méditer. Un jardinier astucieux aurait alors eu l'idée de renverser la situation, en plantant un arbre de petite taille dans un pot, que l'on pouvait apporter à la dame. Le premier *penjing* était né !

UN BONSAÏ POUR CHAQUE MOMENT

L'art du bonsaï s'accorde à merveille avec la méditation. Étant donné le large assortiment de spécimens disponible, il est facile de trouver l'arbre le plus en harmonie avec l'état d'âme de chacun. Du conifère noueux à l'aspect battu par les vents et aux branches partiellement détruites par les rigueurs hivernales, au délicat érable finement ciselé ou au cerisier du Japon des tièdes journées printanières, toutes les espèces sont propices aux émotions.

Les débuts au Japon

Vers l'an 1200, des ambassadeurs chinois introduisirent les premiers *penjing* au Japon. Aussitôt, les nobles nippons s'enthousiasmèrent pour ces petits arbres en pots, qu'ils nommèrent « bonsaï ». Ils ne tardèrent pas à exceller dans cet art, surpassant même leurs maîtres. Les japonais sont parvenus à créer de très nombreuses formes, inventant les techniques que nous pratiquons aujourd'hui. Un bonsaï doit paraître vieux, comme s'il avait enduré l'assaut du vent pendant des siècles. Sa couronne de feuillage aérée permet que le tronc et les branches soient visibles. Le collet sort à l'air libre, comme celui d'un arbre dans la forêt. La coupe d'une esthétique raffinée complète l'équilibre du tableau.

Des plantes de plein air

Originellement, les bonsaïs étaient des arbres de plein air, en raison même de leur fonction « d'objet de méditation ». Le petit arbre devait mettre celui qui le contemplait dans un état d'esprit en harmonie avec la nature. On ne rentrait qu'un seul arbre dans la maison, pour quelques heures ou quelques jours. À notre époque, l'art du bonsaï est devenu un passe-temps très répandu et apprécié, mais rares sont les personnes qui prennent le temps de méditer. Pourtant, la culture des bonsaïs d'extérieur (espèces rustiques) est plus aisée si l'on dispose d'un jardin.

Les bonsaïs d'intérieur

Les Européens développent un tout autre rapport avec les plantes. Ils les cultivent en pots toute l'année, dans leur appartement, pour leur plaisir, et en plein air, ils laissent de préférence pousser les arbres librement. Ceci explique que nous préférons transformer en bonsaïs des espèces qui supportent la vie à l'intérieur toute l'année ou sortent seulement l'été. Ces plantes ne doivent pas craindre l'air chaud et sec qu'impose en hiver le chauffage central. Les végétaux qui s'accommodent le mieux de ces conditions, proviennent des régions subtropicales, du Japon ou de Chine du Sud, des forêts tropicales sèches, des steppes d'Australie ou des régions méditerranéennes. Il s'agit souvent d'espèces couramment cultivées en bacs dans nos régions.

La mise en forme

Dans l'art traditionnel du bonsaï, il existe certaines règles d'harmonie où les rapports de dimensions entre la couronne et le tronc sont très précis, de même que la position du bonsaï dans sa coupe. Il en va de même pour composer un groupe.

LA POSITION IDÉALE

On ne place jamais un bonsaï en plein centre de sa coupe, mais dans un axe légèrement décalé, ce qui assure une harmonie à l'ensemble.

LES PROPORTIONS

Elles correspondent à la hauteur totale de l'arbre, à sa couronne et à son tronc dans un rapport de 7, 5, 3. Par exemple, pour un arbre mesurant 21 cm de haut, la couronne idéale doit mesurer 15 cm et le tronc 9 cm. On calcule de la même façon la dimension de la coupe, le rapport entre le diamètre de la couronne ou la hauteur de l'arbre et la longueur du contenant devant être de 3. Ainsi un arbre de 40 cm de haut devrait-il être planté dans une coupe de 13 cm. Le dénominateur commun est la hauteur divisée par 3.

LES PLANTATIONS GROUPÉES

On conserve aussi dans ce cas les rapports entre les proportions de 7, 5, 3. Ainsi divisera-t-on un bosquet de 8 arbres en deux sous-groupes de 5 et 3 arbres ou une forêt de douze en 7 et 5 sujets. Un groupe de trois arbres se limitera à respecter le rapport 7, 5, 3 sur le plan de la hauteur (par exemple, 35 cm, 25 cm, 15 cm).

L'orme de Chine (Ulmus parvifolia subsp. chinensis) *est une excellente espèce pour les pièces tempérées. Ici un sujet de 35 ans, en style* Neagari.

LA SUITE DE FIBONACCI

L'autre système de référence important est la fameuse suite de Fibonacci, remise en évidence avec le succès du livre *Da Vinci Code*. Chaque nombre est la somme des deux précédents : 1, 1, 2, 3, 5, 8, 13, 21, 34, etc. On plantera donc un groupe de 3 arbres en le divisant en 1, puis 2. Un groupe de 5 plantes se diviserait en deux sous-groupes de 2 et 3, etc.

Les différents styles

Objet de méditation, le bonsaï devait permettre à celui qui le contemplait de ressentir les forces naturelles. Les styles des bonsaïs sont issus de l'observation rigoureuse des formes rencontrées dans la nature.

COPIER LES ARBRES DU PAYSAGE

Un bonsaï bien formé doit ressembler à ce qu'il serait en pleine nature. Au premier plan d'un paysage (en cachant la coupe), vous devez avoir l'impression que l'arbre en fait partie intégrante. Il faut bien sûr faire abstraction de certains éléments. Ainsi le bonsaï ne possède pas les nombreuses ramilles d'un arbre sauvage. Ses feuilles ou ses aiguilles ne sont pas aussi petites que le voudraient les proportions par rapport à son tronc. Le bonsaï n'est donc pas une copie conforme en réduction, mais plutôt la représentation abstraite et magnifiée d'un arbre de référence.
Le contenant dans lequel il se développe est une coupe plate ou un récipient haut et étroit.

Style Yose-Ue *: des* Ficus retusa *de 6 à 10 ans.*

La coupe évoque un rocher plat ou une prairie, le pot, utilisé surtout pour les cascades, symbolise les rochers entre lesquels, dans la nature, pourrait pousser l'arbre.

Les principales formes

Rigoureusement codifiées par les spécialistes du bonsaï, nous les présentons dans les lignes suivantes avec leur dénomination en français, suivie d'une transcription phonétique du terme japonais et l'explication de sa signification symbolique.

BOSQUET (*YOSE-UE*)

Il évoque le « murmure des feuilles » ou le « silence de la forêt ». Le groupe d'arbres dans sa disposition naturelle est appelé *Yamagori* ou *Yamagose*.

EXPRESSION ET ASPECT : une île couverte de forêts, le sommet aplati d'un rocher ou un bosquet en plein champ. Les branches extérieures des arbres placés le plus près du bord de la coupe tombent presque à terre. Au centre, les troncs sont dénudés (les branches meurent par manque de lumière) et la cime aplatie.

RÉALISATION : un bosquet doit comporter au moins cinq éléments, les arbres étant répartis en sous-groupes diversement espacés. Les Japonais préfèrent une organisation « paisible » et utilisent toujours des sujets d'une seule espèce. Une forêt « mixte » n'aura l'air naturel que si l'on y a associé des essences qui poussent ensemble dans la nature. Les différents sujets possèdent alors les mêmes exigences de culture.

TRONCS JUMEAUX (*SÔKAN*)

Ce style évoque le symbole « une seule racine, nous aspirons à la lumière ».

EXPRESSION ET ASPECT : des saules et des aulnes le long d'un ruisseau ou des pins

Style Sôkan *: deux* Ficus retusa *de 23 ans.*

Style Chokkan *:* Buxus harlandii *de 30 ans.*

parasols au bord de la Méditerranée. Deux graines ont germé côte à côte. Les couronnes, en se développant, requièrent un espace de plus en plus important et les troncs s'écartent.

RÉALISATION : c'est un arrangement très vivant. Pour donner de l'intensité à la plantation, choisissez deux troncs d'inégale grosseur. Les Japonais nomment les bonsaïs de style *Sôkan* « homme et femme », lorsque le second bonsaï est à peine plus menu que le premier, ou « mère et enfant » lorsque la différence entre les deux troncs est plus marquée.

STYLE DROIT CLASSIQUE (*CHOKKAN*)

Ce type de bonsaï figure la « majesté », « l'opulence dans la rigueur ».

EXPRESSION ET ASPECT : un arbre isolé dans un parc ou une prairie, qui reçoit de tous côtés beaucoup de lumière, pousse lentement et majestueusement en hauteur, tout en étalant ses branches. Le bétail paît sous sa ramure, le promeneur y prend un peu de repos. Le tronc est épais et la couronne vigoureuse.

RÉALISATION : pour préserver l'impression de puissance du modèle, choisissez un sujet au tronc épais, dont le tiers inférieur sera dénudé (ébranché). Plantez de préférence dans une coupe simple, bien plate et stable.

STYLE DROIT FANTAISIE (*TACHIKI*)

Cette forme très répandue symbolise « celui qui sait vivre dans l'équilibre ».

EXPRESSION ET ASPECT : la référence est le hêtre d'Europe, une essence qui pousse très lentement, supporte l'ombre et se déploie, même entourée d'arbres à croissance plus rapide. Le hêtre se déporte sur le côté pour chercher la lumière, formant un tronc contourné, comme pour prouver qu'il sait mettre à profit n'importe quelles conditions de vie.

Style Tachiki : Ficus retusa *âgé de 20 ans.*

RÉALISATION : le tronc, d'abord droit, s'infléchit sans excès dans différentes directions, comme si l'arbre recherchait la lumière. La branche maîtresse, la plus basse, naît au tiers du tronc. La cime se trouve à la verticale du collet. Cette forme, facile à ciseler, est également appelée *Moyogi*.

TRONC INCLINÉ (*SHAKAN*)

Il y a une notion d'élégance et de respect dans les bonsaïs de ce style, qui symbolisent aussi la « rage de vivre ».

EXPRESSION ET ASPECT : des arbres se développent ainsi le long des cours d'eau ou sur les pentes escarpées. Suite à un bouleversement naturel, l'arbre a été déséquilibré, mais il se maintient par ses racines. Un *Shakan* évoque aussi un arbre soumis à des vents forts.

RÉALISATION : la partie inférieure du bonsaï est inclinée ; elle peut même être couchée sur le sol. La cime s'est redressée et pointe verticalement. Les branches extérieures poussent à l'horizontale. Le tronc peut atteindre une position en semi-cascade (*Han-Kengai*).

FORMER UN *SHAKAN* : choisissez de préférence une plante qui, du fait d'une mauvaise exposition, n'a reçu la lumière que d'un seul côté. Disposez-la dans un récipient de taille suffisante pour que la cime se trouve à l'horizontale. En utilisant du fil de cuivre, maintenez les branches courbées à l'horizontale et raccourcissez-les éventuellement.

Exposez bien le futur bonsaï à la lumière, arrosez, fertilisez régulièrement et taillez les rameaux secondaires toutes les 10 semaines environ. Un an plus tard, la ramure a pris forme. Vous pouvez dès lors vous occuper du système racinaire. Retirez précautionneusement la moitié de la terre en grattant avec un bâtonnet de bois, puis raccourcissez les racines d'un tiers de leur longueur et replantez l'arbre dans une grande coupe plate. Un an plus tard, les racines sont si compactes qu'il faut encore les raccourcir d'un tiers. La couronne s'est bien ramifiée. Plantez alors le bonsaï dans sa coupe définitive.

STYLE BALAI (*HOKIDACHI*)

La symbolique est superbe : « harmonie parfaite dans un souffle d'air ».

EXPRESSION ET ASPECT : dans les régions de pâturages, on peut voir des rangées de « hêtres gardiens », aujourd'hui protégés. Leur couronne, ample et régulière, semble découpée à sa partie inférieure.

Style Shakan : Carmona microphylla *de 35 ans.*

Style Hokidachi : Gardenia augusta *de 50 ans*

Le vent et la neige l'ont arrondie sur elle-même. Ces hêtres sont le modèle idéal de la forme en balai. Les arbres fruitiers bien taillés ou certains arbres des zones tropicales ont la même silhouette.

RÉALISATION : les branches s'écartent du tronc dans toutes les directions.

SEMI-CASCADE (*HAN-KENGAI*)

Cette forme exprime : « je pousse sur le flanc des rochers escarpés ».

EXPRESSION ET ASPECT : la semi-cascade symbolise la force de survie de certains arbres dans des conditions difficiles d'exposition et de sol pauvre. Dans les éboulis rocheux, on rencontre : genêts, prunelliers, argousiers et pins nains. Le sol aride ne leur permettant pas de s'élancer vers le ciel, ils utilisent toutes les possibilités pour tendre au moins une de leurs branches vers la lumière.

RÉALISATION : choisissez un récipient profond mais bien stable et placez la semi-cascade sur un socle qui la valorise.

SYLE CASCADE (*KENGAI*)

Cet arbre exprime une irréductible volonté de croissance comme s'il affirmait : « une plaque rocheuse me suffit pour survivre ».

EXPRESSION ET ASPECT : l'exemple caractéristique est un buisson de cotonéaster, qui s'accroche à flanc de montagne aux rochers calcaires dans les Alpes du Sud. La cascade est l'une des formes les plus extrêmes de l'art du bonsaï. Elle doit donner l'impression que l'arbre plonge ses racines dans une faille de paroi rocheuse et a du mal à pousser.

RÉALISATION : la couronne, légère, gracieuse, irrégulièrement ciselée, portée par un tronc fin et sinueux, plonge franchement sous le niveau du socle qui supporte le pot.

Style Han-Kengai *ou semi-cascade :* Ficus retusa *de 30 ans.*

Tous les rameaux secondaires sont tournés à l'horizontale, comme s'ils cherchaient la lumière. Une poterie haute est utilisée.

STYLE DU LETTRÉ (*BUNJIGI*)

On dit que cette forme très originale de bonsaï évoque : « la danse d'une geisha dans un souffle printanier ».

EXPRESSION ET ASPECT : le *Bunjigi* évoque le pin japonais *(Pinus parviflora)* ou le pin sylvestre de nos régions, mais aussi les pins qui figurent en filigrane sur les estampes japonaises. Les artistes qui traçaient ces silhouettes merveilleuses sur du papier de riz étaient appelés des « lettrés ».

RÉALISATION : choisissez un sujet au tronc très élancé qui sera planté dans une coupe ronde ou carrée de petite taille. Le tronc oblique doit être dégarni dans sa plus grande partie, sauf au sommet.

Style Kengai : Feroniella lucida *de 20 ans.*

Style Bunjigi *(du lettré)* : Serissa foetida *de 8 ans.*

Style Neagari : Serissa japonica *de 12 ans.*

À RACINES EXPOSÉES (*NEAGARI*)

Ce style très particulier signifie : « le flux et le reflux m'ont sculpté ».

EXPRESSION ET ASPECT : certains arbres semblent pousser sur des échasses comme les palétuviers dans les forêts tropicales de mangroves ou les pandanus le long des plages des îles paradisiaques des mers du Sud. À marée montante, la mer les recouvre parfois, et alors seule la cime émerge. Pour résister au reflux, ces arbres ont développé un réseau très dense de racines aériennes. Lorsque ces dernières descendent depuis les branches jusqu'au sol comme chez les banians (*Ficus*), c'est le style *Neku*.

RÉALISATION : élevez d'abord l'arbre dans un pot étroit et haut, dont le tiers inférieur est empli de terre et les deux supérieurs de sable. Petit à petit, dégagez les racines pour les exposer au regard.

La coupe adéquate

Le contenant du bonsaï participe à l'harmonie de l'ensemble. Sa forme et sa couleur doivent correspondre au style choisi. Comme la coupe doit rester belle très longtemps, il est conseillé d'utiliser de la poterie émaillée qui, cuite à de très hautes températures, offre un revêtement dur et imperméable. Les bons magasins spécialisés importent du Japon de beaux récipients qui respectent ces qualités. Les coupes fabriquées en Europe sont moins coûteuses mais généralement moins solides, car les matériaux utilisés sont différents.

QUELQUES RECOMMANDATIONS

- Si vous plantez un bonsaï dans une coupe très plate (forme en bosquet ou au tronc incliné) ou très petite (forme du lettré), prévoyez de fixer le système racinaire de chaque sujet avec du fil métallique *(voir p. 46)*.

- Dans les récipients profonds, qui accueilleront les cascades et les semi-cascades, faites attention à l'eau stagnante. Pour éviter tout problème, pensez à emplir le tiers inférieur avec un matériau drainant (argile expansée).
- Les formes en bosquet ou au tronc incliné peuvent être plantées sur des plaques de pierre. Afin que la terre ne glisse pas lors de l'arrosage et conserve une humidité suffisante, confectionnez une bordure d'argile humide tout autour de la plaque lors de la plantation. Un léger creux se formera dans la terre au pied du bonsaï, qu'il sera possible, par la suite, de dissimuler par une plante comme l'helxine (*Soleirolia soleirolii*), la sagine (*Sagina subulata*) ou de la mousse.

Patrick Mioulane VOUS CONSEILLE

> Pour fabriquer un *Sôkan*, plantez deux sujets de dimensions différentes. Pour que les deux troncs se touchent presque, réduisez la motte de chacun en ne conservant des racines que d'un seul côté. Réunissez ensuite les deux plants et fixez les troncs ensemble avec un fil de cuivre. Ôtez le fil après un an, afin d'éviter qu'il ne forme une crevasse dans l'écorce.

> Préférez les coupes vernies pour vos bonsaïs d'intérieur. Elles sont moins sujettes aux dépôts calcaires et sont plus élégantes. Les modèles les plus courants sont des coupes plates rectangulaires ou ovales. La profondeur du récipient sera égale au diamètre du tronc, la longueur correspondant aux 5/7 de sa hauteur. Ainsi, un bonsaï au tronc de 20 cm devra être planté dans une coupe de 14 cm de long.

> Pensez toujours au drainage. Toutes les coupes pour bonsaïs doivent présenter au moins un gros trou dans le fond afin que l'eau d'arrosage en excès puisse s'évacuer librement. Pour que le substrat ne s'évacue pas par ce trou, posez dessus un petit morceau de grillage plastique à maille fine que vous maintiendrez en place avec deux bouts de fil de fer disposés en croix.

> D'autres styles de bonsaïs à découvrir. Le *Sekikôju*, caractérisé par la présence d'une pierre qu'enserrent les racines, est adapté aux *Ficus*, *Sageretia*, *Serissa* et *Schefflera*. En revanche, le *Ishitsuki*, où l'arbre est directement planté dans une anfractuosité de la roche, convient mieux aux buis, genévriers, *Podocarpus* et *Polyscias* par exemple. Attention, ce sont des formes qui demandent des arrosages très constants !

L'achat et l'emplacement

Les bonsaïs d'intérieur étant originaires de zones climatiques variées, leurs exigences sont différentes d'une espèce à l'autre sur le plan de la température et de l'éclairage, entre autres. L'emplacement que vous leur réserverez dans la maison en dépend. Tenez-en compte avant tout achat.

L'origine est cruciale

Les bonsaïs d'intérieur proviennent de diverses régions chaudes du globe.

On peut distinguer quatre zones :

- **LES TROPIQUES** (*Ficus, Murraya*),
- **LES RÉGIONS SUBTROPICALES** (*Serissa, Carmona, Lagerstroemia, Syzygium*),
- **LE CLIMAT MÉDITERRANÉEN** (myrte, pin),
- **LES STEPPES ARIDES** (toutes les plantes succulentes dont les *Crassula*).

Les caractéristiques climatiques de chaque région d'origine vont déterminer l'emplacement du bonsaï dans votre intérieur. Vérifiez bien avant l'achat que vous pourrez lui offrir les conditions propices à son développement, ou tout au moins les recréer artificiellement.

FENÊTRE AU SUD

Idéale en hiver. Le soleil d'été amplifié par le vitrage peut provoquer des brûlures. Filtrez toujours la lumière (store vénitien, écran extérieur ou voilage) entre avril et fin septembre.

FENÊTRE AU NORD OU À L'EST

C'est l'emplacement préféré des plantes tropicales aimant l'ombre. Mais ne laissez pas descendre la température sous les 15 à 18 °C.

FENÊTRE À L'OUEST

Les plantes subtropicales et méditerranéennes préféreront cette exposition en été, avec une insolation directe durant la matinée et une lumière tamisée le reste de la journée.

Un Leucospermum (Proteaceae) *de style* Tachiki *décore d'une manière originale une pièce tempérée et très lumineuse. Il est accompagné d'un* Leptospermum scoparium *(style* Tachiki*).*

Les quartiers d'hiver

Certaines espèces tels le grenadier *(Punica granatum)* ou le lilas des Indes *(Lagerstroemia indica)* présentées à tort comme des bonsaïs d'intérieur sont caduques. Elles se dénudent en hiver et ont alors besoin d'une période de repos (dormance) qui leur fait défaut dans une pièce chauffée. Seule une véranda, où la température oscille entre 3 et 10 °C, leur permet de passer l'hiver sans dommage. De mi-novembre à fin février les besoins en lumière des espèces caduques étant réduits, vous pouvez les entreposer près d'un soupirail dans une cave assez fraîche. Arrosez très peu, mais la terre ne doit pas se dessécher. À partir de mars, placez les plantes à la lumière, la température des quatre premières semaines ne devant pas dépasser 15 à 18 °C.

La qualité des plantes

Un arbre sain et bien nourri est pourvu d'un feuillage d'une couleur intense et sans taches. Une coloration suspecte (surtout une décoloration), le bord des feuilles roulé, des jeunes pousses malingres ou un dépôt brillant sur les feuilles sont des signes de carences ou d'une attaque de parasites p. 37 à suivantes.

SEPT CONSEILS AVANT L'ACHAT

Soyez vigilant sur la qualité. Si vous n'avez pas encore l'expérience des bonsaïs d'intérieur, fournissez-vous chez un spécialiste. Vous y trouverez aussi bien des sujets exceptionnels que de jeunes plantes bon marché, placées dans une coupe pour bonsaï, élevées et mises en forme par un connaisseur.

Si vous achetez chez un fleuriste ou dans une jardinerie, veillez à bien respecter les points suivants :

- **LE BONSAÏ DOIT AVOIR ÉTÉ FORMÉ SELON LES RÈGLES DE L'ART.** Soyez très vigilant s'il est vendu bon marché. Bien souvent, il s'agit de plantes taillées de manière anarchique. Or la formation de la couronne n'est pas à la portée du premier débutant venu !
- **LA TERRE DOIT ÊTRE GRANULEUSE AFIN QUE L'AIR ET L'EAU PUISSENT BIEN Y PÉNÉTRER.** Les bonsaïs bon marché sont souvent plantés dans du terreau trop riche en tourbe. Il vous faudra alors changer la terre très rapidement.
- **ATTENTION :** certains bonsaïs importés de Chine ou du Japon ont, dans leur pays d'origine, été plantés dans de l'argile pure. Il est quasi impossible de bien les arroser. Les racines risquant par ailleurs d'étouffer, il vous faudra aussi changer la terre très vite.
- **L'ARBRE DOIT ÊTRE BIEN INSTALLÉ** dans son support de culture et avoir développé un généreux système racinaire.
- **LE FEUILLAGE DOIT ÊTRE SAIN,** bien coloré, dépourvu de taches. Les pousses présenteront une bonne vigueur et aucun signe de malformation.
- **UNE SILHOUETTE ÉLÉGANTE ET BIEN STYLÉE,** dont la forme et les proportions s'harmonisent bien avec celles de la coupe.
- **UNE ESPÈCE ADAPTÉE.** Assurez-vous que vous achetez bien un bonsaï d'intérieur et non une espèce destinée à vivre en plein air.

Ne cultivez en intérieur que des espèces adaptées. Ici, un Eugenia cauliflora *originaire d'Indonésie.*

Éclairage artificiel

Si vous placez votre bonsaï au centre d'une pièce ou à plus de 2 m d'une fenêtre, une source de lumière artificielle prévue pour les plantes est indispensable. En effet, dans un intérieur, l'intensité lumineuse décroît avec le carré de la distance. À 2 m, la plante reçoit quatre fois moins de lumière qu'au bord de la fenêtre et à 3 m, neuf fois moins !

Les jardineries proposent un choix de plus en plus large de lampes de type « lumière du jour », principalement au rayon aquariophilie. Pour une bonne croissance, les bonsaïs (mais aussi tout type de plante d'intérieur) ont besoin de 12 à 14 heures de lumière par jour. Il vous suffira de 4 semaines maximum pour savoir si la lumière naturelle est suffisante : si les jeunes pousses restent vert foncé, tout va bien. Si elles deviennent vert pâle et malingres, la lumière est insuffisante.

LAMPE À VAPEUR DE MERCURE

Fournissant une lumière intense, elle convient bien pour un bonsaï isolé. Chère à l'achat, elle consomme relativement peu.

TUBE FLUORESCENT

C'est une solution peu esthétique, mais économique, qui offre l'avantage de ne pas produire de chaleur. Associez un tube « lumière du jour » à un second de « couleur chaude ». Cet éclairage convient notamment pour une niche, une vitrine ou une fenêtre mal orientée.

LA DURÉE D'ÉCLAIRAGE

Les plantes ont un rythme de vie très régulier. Aussi est-il nécessaire que l'éclairage artificiel soit dispensé et stoppé chaque jour à la même heure. L'idéal consiste à utiliser un programmateur pour obtenir 12 heures de lumière par jour en continu.

Quelques conseils de culture

Comme toutes les plantes de la maison, les bonsaïs ont besoin d'attention. Il faut les arroser, les fertiliser et les rempoter. Mais ils montrent aussi quelques exigences supplémentaires comme un support de culture et des contenants particuliers, des arrosages très contrôlés, une vaporisation régulière et une fertilisation qui demande un certain doigté.

L'humidité ambiante

En hiver, les bonsaïs d'intérieur souffrent de la diminution de l'hygrométrie (l'humidité de l'air) qui est due aux diverses sources de chauffage de la maison. Se montrent particulièrement sensibles à la sécheresse atmosphérique les espèces originaires des côtes subtropicales de Chine ou du Japon, telles que *Sageretia*, *Serissa* et *Ulmus*. Suivez ces quelques conseils pour y remédier.

PLATEAU DE GRAVILLONS

Posez la coupe de votre bonsaï sur un grand plateau rempli de gravillons non calcaires ou d'argile expansée, en veillant à les maintenir constamment humides. L'évaporation de l'eau crée un microclimat favorable à la plante.

TERRARIUM

Vous obtiendrez une humidité comparable à celle que l'on rencontre dans un pays tropical, en faisant pousser votre bonsaï dans un milieu confiné ou semi-confiné.
Pour un arbre de petite taille, choisissez un aquarium en verre ou un grand bocal à poissons rouges. Si vous disposez de plusieurs bonsaïs tropicaux, un terrarium ouvert sur le devant ou une vitrine en verre est idéal. Placez sur le dessus une rampe d'éclairage identique à celle d'un aquarium.

Les bonsaïs d'intérieur gagnent à être cultivés sur un plateau rempli de gravillons ou de pouzzolane humide.

Un dialogue quotidien

La principale tâche du jardinier d'intérieur consiste à observer les plantes et à repérer les quelques signes à peine perceptibles qui indiquent leur état de santé.

FEUILLES ET AIGUILLES

Ce sont les meilleurs indices de l'état de forme d'une plante. La coloration varie du vert intense [excellente santé] au vert noirâtre [malade à en mourir] en passant par le vert pâle [un peu faible] ou grisâtre [pas en très grande forme]. La position des feuilles ou des aiguilles renseigne aussi : bien droites sur les branches, elles affirment une bonne vigueur. Si elles pendent mollement ou tombent, il faut craindre une erreur de culture ou une maladie. Chez les conifères, les aiguilles qui se recroquevillent doivent vous alerter.

CINQ SECONDES D'ATTENTION

C'est le temps qu'il suffit au quotidien pour juger de l'état général d'un bonsaï. Il vous suffit de répondre aux questions suivantes :

- Observez-vous un changement dans la coloration du feuillage ?
- Les feuilles ou les aiguilles sont-elles bien dressées le long des branches ?
- Constatez-vous la présence de taches ou de colorations suspectes sur les feuilles ou les branches [parasites] ?
- La terre est-elle humide ou au contraire sèche au toucher ?
- La croissance est-elle bonne ou anormalement ralentie ? [en saison seulement].

Après ce bref dialogue avec votre plante, vous déciderez ou non d'arroser, de fertiliser, de rempoter, voire de soigner.

Les outils adéquats

En mille ans de pratique de l'art du bonsaï, les jardiniers chinois et japonais ont perfectionné les techniques, les accessoires et les outils.

- **LES COUPES À BONSAÏ** comportent un large trou de drainage qui sera recouvert d'une grille avant le rempotage.
- **POUR TAILLER LES BRANCHES ET LES RAMEAUX,** utilisez des ciseaux à bonsaïs plus ou moins puissants, mais propres et bien aiguisés afin d'obtenir une coupe franche.
- **POUR ÉBRANCHER ET SUPPRIMER LE BOIS MORT,** il existe divers modèles de pinces coupantes.
- **POUR AÉRER LE RÉSEAU DENSE DES RACINES,** employez un crochet métallique, une petite griffe ou même un bâtonnet en bois.
- **LES ARROSOIRS À LONG COL SONT PRATIQUES.** Une pomme très fine sera appréciée par les bonsaïs séjournant à l'extérieur en été.
- **POUR COUPER LES FILS MÉTALLIQUES,** préférez les pinces coupantes et plates.
- **UN PETIT BALAI** termine bien le travail.

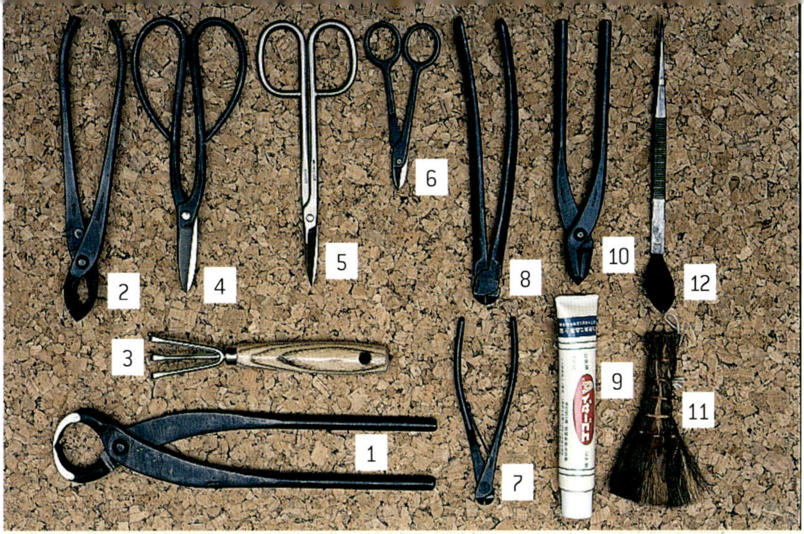

UNE PANOPLIE D'OUTILS ET D'ACCESSOIRES TRÈS UTILES

Les outils présentés sur la photo ci-dessus constituent une panoplie assez complète permettant le bon entretien des bonsaïs. Il est toujours préférable d'utiliser des outils spécifiques d'origine japonaise, car en dépit de leur aspect un peu rustique, ils s'avèrent d'une redoutable efficacité. Leur seul défaut est de rouiller rapidement. Veillez donc à bien les essuyer après chaque utilisation.

1. Pince coupante destinée à trancher les plus grosses branches.
2. Pince concave permettant de couper un rameau juste à son point de départ, sans laisser de moignon.
3. Crochet à racines pour ôter efficacement la vieille terre lors du rempotage ou pour décroûter la surface.
4. Ciseaux à tout faire. Ils coupent net les jeunes pousses et les feuilles.
5. Ciseaux à feuilles. Très fins, étroits, ils s'insinuent bien entre les ramilles.
6. Ciseaux à bourgeons. Avec leurs lames courtes, ils coupent à ras.
7. Pince à fil de cuivre (petit modèle), coupe les fils fins des ligatures.
8. Pince à fil de cuivre (grand modèle), coupe les fils de ligature épais.
9. Tube de mastic à cicatriser (un produit courant du commerce convient)
10. Pince à ligature. Elle permet de bien tenir et d'enrouler le fil de cuivre
11. Balayette rigide pour nettoyer le sol et le bord des coupes.
12. Spatule permettant de faire pénétrer la terre entre les racines lors du rempotage ou de gratter la mousse qui recouvre la base des troncs.

Humectez délicatement le feuillage avec un vaporisateur si l'atmosphère est trop sèche, surtout durant l'hiver.

En été, une douche complète doit être offerte aux bonsaïs quotidiennement après une journée chaude (+ de 25 °C).

L'arrosage

C'est l'un des points clés pour la réussite des bonsaïs. Les espèces d'intérieur se montrent particulièrement exigeantes en matière d'arrosage, car elles ne bénéficient pas, dans l'environnement artificiel de la maison, des conditions d'hygrométrie et d'aération dont peuvent profiter les sujets cultivés en plein air. Il faut donc vérifier régulièrement que les bonsaïs ne manquent pas d'eau, et surtout ne jamais procéder à un apport systématique.

BAIGNEZ LA PLANTE

Si votre bonsaï est très assoiffé, mettez-le à tremper au moins une heure dans l'eau à température ambiante, en veillant à ce qu'il soit immergé jusqu'à 5 mm du bord de la coupe. Cette pratique très profitable, car elle imbibe totalement la motte, est conseillée tous les 10 jours en été.

LA FRÉQUENCE D'ARROSAGE

La logique veut que les plantes soient arrosées en fonction de leurs besoins. Les bonsaïs disposant d'un volume de terre très réduit, le manque d'eau se fait plus rapidement sentir que chez les plantes d'intérieur cultivées dans un pot classique. En pratique, les apports d'eau seront d'autant plus fréquents que la chaleur ambiante s'élèvera.
D'avril à octobre, arrosez 2 fois par semaine lorsque la température est comprise entre 18 et 20 °C. Tous les 2 jours entre 21 et 24 °C. Tous les jours entre 25 et 27 °C. Deux fois par jour entre 28 et 30 °C. Matin, midi et soir par temps de canicule (plus de 30 °C à l'ombre).

ARROSAGE PAR CAPILLARITÉ

Avec ce système, le bonsaï placé sur un plateau rempli de gravier, absorbe l'humidité nécessaire par la mèche qui est introduite

L'arrosoir à long bec permet un apport très précis de l'eau. Utilisez toujours une soucoupe pour récupérer le surplus.

Un arrosage efficace se manifeste par un écoulement abondant de l'excès d'eau par le trou de drainage.

dans la terre d'un côté et qui plonge dans l'eau de l'autre.

ATTENTION À L'EXCÈS D'HUMIDITÉ : cette méthode d'arrosage entraîne une saturation permanente de la terre. Utilisez-la uniquement pendant vos absences.

PENDANT LES VACANCES : l'arrosage par capillarité est efficace durant 8 à 10 jours. Si vous partez plus longtemps, il faut prévoir un récipient plus important ou confier la plante en garde à un spécialiste.

UNE RÈGLE INTANGIBLE

Tant que la terre vous paraît humide en surface, il ne faut pas arroser.

IMPORTANT

Lorsque le substrat d'un bonsaï ou de tout végétal cultivé en pot reste humide en permanence, les racines ne respirent pas bien. Elles pourrissent et la plante meurt. La difficulté consiste à trouver le juste milieu entre le manque d'eau, qui provoque le jaunissement et la chute des feuilles, et le surdosage.

L'eau

De nombreux bonsaïs d'intérieur sont originaires de régions où le sol contient peu de calcaire. C'est le cas des plantes tropicales (*Ficus*) et des azalées (*Rhododendron*). Si vous les arrosez avec une eau trop dure, elles risquent de souffrir de chlorose ferrique : jaunissement du feuillage.

VÉRIFIEZ LA DURETÉ DE L'EAU

La société de distribution des eaux peut vous donner de précieux renseignements. Si la dureté est inférieure à 10 %, vous pouvez utiliser cette eau pour arroser vos bonsaïs.

L'EAU BOUILLIE

Vous atténuerez la dureté d'une eau comprise entre 10 et 15 % en la faisant bouillir. Comme ce procédé réduit la teneur en oxygène, laissez reposer quelques heures l'eau bouillie dans un récipient ouvert, avant de l'employer.

ACIDIFIEZ L'EAU DURE

Si la dureté de l'eau est supérieure à 15 %, acidifiez-la en ajoutant le jus d'un citron dans un arrosoir de 10 l ou une cuillerée à café de vinaigre blanc dans 1 l. Mesurez après traitement le degré d'acidité (pH) avec des réactifs colorés du commerce. Le pH idéal est de 6,5 à 7 pour les bonsaïs, avec une dureté (taux de minéralisation) inférieure à 15 %.

L'EAU DE PLUIE

Naturellement neutre, elle peut s'avérer très acide (jusqu'à pH 3) dans les zones urbaines et polluées. Dans un arrosoir, mélangez l'eau de pluie avec de l'eau du robinet jusqu'à ce que le degré d'acidité idéal soit atteint.

LA TOURBE ADOUCIT

Pour corriger une eau trop calcaire, suspendez dans l'arrosoir un sachet de coton empli de tourbe blonde. Après deux jours, les acides humiques auront neutralisé le calcaire. N'utilisez pas la même tourbe plus de 3 fois.

LES PRODUITS DU COMMERCE

On trouve dans certaines jardineries des « décalcairisants » qu'il faut ajouter à l'eau du robinet pour la neutraliser. Efficace et pratique. Respectez bien les doses d'emploi.

ATTENTION : n'utilisez pas d'adoucissant pour appareil ménager. Ces produits contiennent différents acides ainsi que de la soude, tous dangereux pour les végétaux. L'eau ionisée ou traitée par un adoucisseur est très mal tolérée par les plantes en pot.

La fertilisation

Les bonsaïs survivent dans peu de terre. Ils disposent par conséquent de réserves nutritives très faibles. Une fertilisation régulière, mais modérée est utile.

L'ENGRAIS LIQUIDE

Les préparations spécifiques conviennent à tous les bonsaïs. Ce sont des engrais complets qui contiennent tous les éléments nutritifs en proportions parfaitement équilibrées.

L'ENGRAIS EN GRANULÉS

Les spécialités à action lente et progressive conviennent bien. Évitez les engrais classiques à action rapide, qui peuvent occasionner des brûlures aux racines.

LES ENGRAIS ORGANIQUES

Ils présentent peu d'intérêt pour les bonsaïs, car l'activité microbienne demeure assez limitée dans les coupes exiguës. Les engrais foliaires peuvent, en revanche, être utilisés à faible concentration.

CONSEILS DE FERTILISATION

- Utilisez des engrais spécifiques destinés aux bonsaïs (ceux pour les orchidées conviennent aussi).
- Si vous employez un engrais classique pour plantes vertes, diminuez de moitié la concentration conseillée sur le mode d'emploi.
- En été, fertilisez toutes les 2 à 3 semaines. En hiver, toutes les 4 à 6 semaines grand maximum, voire pas du tout.
- Les bonsaïs très âgés ou qui poussent lentement seront fertilisés à des intervalles 2 fois plus importants.

Utilisez de l'eau non calcaire pour la vaporisation du feuillage afin que le minéral ne se dépose pas sous forme de taches grisâtres. N'opérez pas en plein soleil.

Le rempotage

Excepté les espèces d'origine méditerranéenne et les arbres caducs, les bonsaïs d'intérieur ne nécessitent pas de période de repos végétatif bien marqué. Ils pourraient donc en théorie être rempotés à n'importe quelle époque de l'année.

Toutefois, les meilleurs résultats sont obtenus entre mars et mai, et surtout en avril, qui convient au plus grand nombre, hormis les *Gardenia* et *Podocarpus* qui préfèrent mai.

ATTENTION : en raison du volume de substrat très restreint contenu dans sa coupe ou dans son pot, un bonsaï ne peut guère vivre plus de 3 ans dans la même terre.

Dans l'espace qui se restreint de plus en plus, les racines s'emmêlent rapidement et forment un chignon. Les radicelles se retrouvent dans un milieu dépourvu d'éléments nutritifs, la plante cesse de croître ou développe des pousses chétives. Le feuillage peut jaunir, se décolorer, ou pire, tomber prématurément.

Un bonsaï qui se retrouve trop à l'étroit dans son pot devient plus sensible aux erreurs d'arrosage et aux attaques parasitaires.

Chez les jeunes arbres (moins de 10 ans), le rempotage doit être pratiqué tous les ans car leur croissance est assez soutenue.

Chez les bonsaïs adultes, un rempotage tous les 2 ou 3 ans, suffit selon la vigueur de développement du sujet. C'est une opération cruciale à pratiquer avec précautions. Elle s'impose dès qu'un chevelu racinaire important apparaît par le trou de drainage.

CONSEILS POUR BIEN REMPOTER

• Si votre bonsaï se trouve depuis plus d'un an dans la même coupe, soulevez précautionneusement la motte pour vérifier si les racines de la périphérie s'entremêlent et forment un chignon. Dans ce cas seulement, il devient nécessaire de rempoter.

• N'arrosez pas pendant 3 ou 4 jours, une motte sèche sera toujours plus facile à dépoter, car elle se rétracte.

• Extrayez le bonsaï de sa coupe sans l'abîmer. Ne forcez pas, au besoin cassez le contenant. Brossez l'intérieur avec une solution d'eau de Javel (à 10 %).

• Éliminez entre un tiers et la moitié du volume de terre (mais pas plus), en la grattant bien avec un outil aux dents en crochet.

• Raccourcissez les racines situées en périphérie, de façon qu'il subsiste au moins 1 cm entre la motte et le bord intérieur du pot.

• Replacez le bonsaï dans son récipient (ou un plus grand si nécessaire), en étalant bien les racines.

• Il faut au préalable fixer une grille sur le trou d'évacuation du pot et parfois maintenir en place la plante avec des fils métalliques.

Découpez un carré de grillage à maille fine.

Glissez le fil métallique dans les trous de la grille.

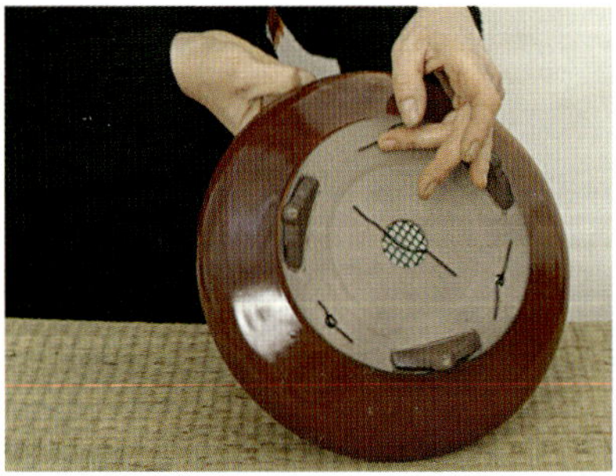

Recourbez le fil sous le pot pour tout maintenir en place.

LA MISE EN PLACE DE LA GRILLE

Il est indispensable d'obstruer chaque trou de drainage situé sous la coupe. Contrairement aux pots classiques, on ne peut y déposer un lit de billes d'argile, la coupe étant trop basse.

1. Découpez un morceau de grillage en plastique à maille fine, (type moustiquaire).
2. Posez la grille à plat au fond de la coupe ; elle doit recouvrir tout le trou.
3. Introduisez un morceau de fil métallique de 1 à 2 mm de diamètre et de 10 cm de long dans le trou de la grille.
4. Maintenez la grille en place en recourbant chaque extrémité du fil sous le pot.

LE CHOIX DU SUBSTRAT

Les coupes pour bonsaïs sont peu profondes et non poreuses. Afin que l'eau d'arrosage puisse s'infiltrer au niveau des racines, le mélange terreux doit être granuleux. La composition idéale doit comporter en proportions équilibrées l'ensemble des éléments suivants :

- **L'HUMUS**, substance vivante (micro-organismes), qui en transformant les éléments nutritifs permet leur assimilation par les racines.
- **LE SABLE DE RIVIÈRE GROSSIER** (de 0 à 4 mm de diamètre), poreux, il permet l'aération du milieu et la respiration des racines.
- **L'ARGILE**, consistante, assure une bonne rétention de l'eau, tout en empêchant aussi le lessivage des éléments nutritifs.
- **LA TOURBE** joue un rôle tampon (éponge naturelle) et permet de neutraliser le calcaire contenu dans l'eau d'arrosage.

LES BONS MÉLANGES

On trouve de l'excellente terre pour bonsaïs chez les spécialistes, notamment le *kanuma*, terre japonaise argileuse au pH acide d'une granulométrie variable, le *kyriu* aux propriétés drainantes (remplace le sable) et l'*akadama*, une argile volcanique plus granuleuse. Ces produits sont chers, mais parfaitement adaptés aux bonsaïs, bien mieux en tout cas que les terreaux vendus prêts à l'emploi dans le commerce, et trop riches en tourbe.

Vous pouvez aussi composer vous-même un mélange avec différents ingrédients proposés dans les jardineries...

MÉLANGE STANDARD

3 parties de tourbe blonde.
2 parties de terreau d'écorce assez granuleux (de 3 à 8 mm).
2 parties de sable ou de pouzzolane assez fine (de 2 à 5 mm).

MÉLANGE ACIDE

3 parties de terreau de tourbe.
2 parties de terre de bruyère.
1 partie d'écorce de pin (4/8 mm).
2 parties de sable de rivière fin.

MÉLANGE « MÉDITERRANÉEN »

2 parties de terreau de rempotage.
2 parties d'écorce (de 3 à 5 mm)
2 parties de sable de rivière.

1

2

3

4

5

6

7

DÉPOTER UN BONSAÏ PAS À PAS

1. Ce Syzygium cumini *doit être remploté d'urgence car sa coupe est trop petite par rapport à la ramure.*
2. *Dépotez-le en douceur, sans tirer. L'astuce consiste à ne pas arroser la plante durant 3 ou 4 jours.*
3. *Brossez la mousse qui s'est déposée sur le tronc.*
4. *Éliminez le tiers du volume total de la terre.*
5. *Coupez toutes les racines qui ont été mises à nu.*
6. *Aérez légèrement la ramure pour réduire les effets de l'évapotranspiration qui peuvent nuire à la reprise.*
7. *L'arbre préparé peut maintenant être rempoté.*

1

2

3

4

5

6

7

REMPOTER UN BONSAÏ PAS À PAS

1. *Placez 1 cm de gravillons au fond de la coupe.*
2. *Recouvrez les racines avec un mélange assez granuleux.*
3. *Mélangez bien les composants du bout des doigts entre les racines.*
4. *Maintenez l'arbre bien en place, en l'attachant avec un fil métallique passé à travers les trous de drainage.*
5. *Serrez le lien en le tressant avec une pince. Enterrez avec discrétion l'extrémité du fil.*
6. *Versez du terreau tamisé. Balayez la surface.*
7. *Arrosez en pluie et laissez la coupe tremper 1 à 2 heures.*

LES SOINS APRÈS LE REMPOTAGE

Une grande partie des fines racines qui alimentent le bonsaï ayant été éliminées par la taille d'équilibrage, elles vont avoir besoin de 2 à 3 semaines pour se reconstituer. Durant cette période, placez le bonsaï dans un endroit relativement sombre, à température modérée, et arrosez-le régulièrement. La terre ne doit jamais sécher, ni être détrempée, ce qui ferait pourrir les racines.

Attendez entre 6 et 8 semaines avant d'apporter de l'engrais liquide, qui devra être 2 à 3 fois plus dilué que les doses conseillées sur le flacon.

Ce Ficus panda *de style* Neku *est âgé de 30 ans. Il vient d'être rempoté dans une coupe dont la longueur mesure environ le tiers de la hauteur de l'arbre.*

Patrick Mioulane
VOUS CONSEILLE

> Pour bien arroser un bonsaï dont la terre a séché superficiellement, il faut bien humecter la terre. Une aspersion avec un arrosoir ordinaire ne suffit pas, car la terre forme le plus souvent un petit monticule à la surface de la coupe. L'eau d'arrosage va donc ruisseler si le sol n'a pas été préalablement imbibé. Pour que le liquide pénètre bien dans la terre, il faut qu'il soit apporté en douceur. Les arrosoirs à bonsaï possèdent une pomme munie de trous minuscules, qui diffusent une pluie très fine permettant d'humecter un sol sec. À l'intérieur, cette technique n'est guère utilisable à moins de placer les plantes dans la baignoire, car cette « douche » produit un important ruissellement. L'idéal consiste donc à utiliser la méthode du trempage, la coupe étant immergée dans l'eau jusqu'à 1 cm du bord, durant un bon quart d'heure. L'eau va s'imprégner par capillarité et imbiber totalement la motte du bonsaï. Utilisez toujours de l'eau à la température de la pièce, c'est important.

> Après le rempotage, la surface du sol paraît nue et peu naturelle. Lors d'un séjour en plein air, ou dans une serre, des mousses vont former petit à petit un tapis très esthétique. Pour les bonsaïs qui restent à l'intérieur, plantez des petites espèces couvre-sol comme l'helxine *(Soleirolia soleirolii)* ou la sagine *(Sagina subulata)* qui vont rapidement s'étendre et former un tapis homogène tout aussi décoratif que de la mousse et qui protégera aussi de la sécheresse.

> Il est très important d'assurer un bon drainage, c'est-à-dire que l'eau ne puisse stagner au niveau des racines car la terre des bonsaïs se compacte assez vite. Il est impératif que le trou situé au fond de la coupe ne puisse pas être obstrué par de la terre. C'est pourquoi un lit de billes d'argile de petit calibre ou de la pouzzolane gagne à être étendu au fond du pot.

> Il est nécessaire de rempoter dans les cas suivants :

- Le bonsaï ne produit que de toutes petites feuilles de couleur claire. C'est le signe que la terre est usée.
- Des taches brunes apparaissent sur le bord des feuilles. Cela signifie que la plante commence à s'asphyxier car la terre est devenue trop compacte.
- Les arbres jeunes dont la formation n'est pas terminée se rempotent tous les ans et le plus souvent dans une coupe d'un diamètre un peu plus grand.
- Les arbres plus âgés, qui ont atteint leur silhouette définitive, se rempotent tous les 2 ou 3 ans, dans des pots de même taille.
- Attendez au moins 8 semaines avant de rempoter un bonsaï que vous venez de ligaturer ou avant de ligaturer un bonsaï qui vient d'être rempoté.

> C'est en touchant la surface de la terre avec le bout du doigt que l'on vérifie le plus facilement s'il est temps d'arroser. Tant que la sensation d'humidité est présente, inutile d'apporter un complément d'eau.

Ennemis et maladies

Pour lutter contre les envahisseurs biologiques (ravageurs) et soigner les maladies, il est nécessaire de bien les identifier. Vous trouverez dans ce chapitre des fiches illustrées des principales affections qui menacent les bonsaïs d'intérieur. Le traitement n'étant pas toujours évident, surtout à la maison, mieux vaut prévenir que guérir en offrant à vos plantes les meilleures conditions de culture possibles.

Les animaux ravageurs

Les insectes ne sont pas les seuls à se nourrir des plantes, les acariens (à 8 pattes) font aussi beaucoup de dégâts, tout comme les limaces. Pour se débarrasser de ces indésirables, il faut savoir que leurs fonctions vitales diffèrent franchement d'une espèce à l'autre. Si les insectes se noient et s'asphyxient au contact de l'eau savonneuse, les acariens survivent sans grand dommages à ce traitement. Toutefois, la cuticule (peau) des acariens, à peine plus grosse qu'un grain de poussière, est si perméable que de l'alcool, même à faible concentration, leur est mortel.

Les maladies fongiques

Appelées aussi « maladies cryptogamiques », elles sont dues à des champignons, moisissures et pourritures étant les plus redoutables. Nombre de mycètes (champignons) s'attaquent aux bonsaïs, mais ils ne se développent que dans une ambiance humide, ce qui les rend peu fréquents dans un appartement. En revanche, les maladies cryptogamiques sont plus courantes en serre, dans une vitrine fermée ou même en véranda, dans lesquelles l'hygrométrie est bien plus importante. Modérez surtout les arrosages, car les maladies des racines sont les plus graves.

Sageretia theezans, *ce sujet de style* Nejikan, *âgé de 45 ans, craint la chlorose et les aleurodes.*

Les traitements doux

Essayez, dans la mesure du possible, de lutter contre les ravageurs avec des préparations non toxiques pour l'homme et les animaux domestiques comme celles que nous vous proposons ici. Si ces remèdes se révélaient inefficaces, confiez votre bonsaï à un spécialiste qui effectuera le traitement avec des produits professionnels.

CONSEILS DE PRUDENCE

- En cas de doute, faites établir le diagnostic par un spécialiste. Les jardineries ne mettent pas assez souvent de vrais connaisseurs à la disposition des clients.
- Ne vaporisez pas le produit dans un endroit clos, mais plutôt en plein air ou dans une pièce où rien ne craint (salle de bains, garage), et que vous pourrez aérer longuement après l'opération.
- Lors de la pulvérisation, portez des gants en latex ou en nitrile pour éviter tout contact du produit antiparasitaire avec la peau.

IMPORTANT : dans la mesure où l'on respecte bien le mode d'emploi et les doses mentionnées, les produits antiparasitaires destinés aux jardiniers amateurs sont en principe sans danger pour les animaux à sang chaud (mammifères, oiseaux). Veillez bien sûr à conserver ces produits hors de portée des enfants.

INSECTICIDE NATUREL

Le pyrèthre est une sorte de chrysanthème poussant en Asie et en Afrique. Ses fleurs contiennent des substances (pyréthrines), mortelles pour les insectes. Le pyrèthre est sans effet sur l'homme et les animaux à sang chaud. La plupart des insecticides proposés aux jardiniers amateurs sont formulés à base de pyréthrines naturelles ou de synthèse.

QUELQUES PRÉCAUTIONS

Les pyréthrines sont considérées comme inoffensives pour l'homme et les mammifères, parce qu'elles ne franchissent pas la barrière de la peau et des muqueuses. En revanche, elles deviennent dangereuses pour le système nerveux si elles passent dans le sang. Ne traitez pas si vous souffrez d'une égratignure ou d'une irritation cutanée.

ATTENTION : la roténone, insecticide extrait de plantes tropicales *(Derris, Lonchocarpus)* qui était considéré jadis comme inoffensif en raison de son origine naturelle, a été récemment interdite car des propriétés cancérigènes, mutagènes et tératogènes ont été mises en évidence. Ce n'est pas parce qu'un produit est naturel qu'il est sans danger !

SOLUTION SAVONNEUSE

Le savon noir, sans danger pour l'homme, à condition de ne pas l'absorber, se montre bien utile pour lutter contre les insectes. Ces derniers sont capables de survivre un certain temps dans l'eau pure, grâce à leur carapace (exosquelette) de chitine, imperméable, qui crée une fine enveloppe d'air autour d'eux. En ajoutant dans 1 l d'eau une cuillère à café de savon noir liquide, on provoque l'élimination de cette enveloppe protectrice et l'eau peut ainsi pénétrer dans les voies respiratoires des insectes, ce qui les asphyxie.

Si la chitine est imperméable à l'eau, elle laisse passer l'air, car les insectes ne possèdent pas de système respiratoire. Le savon noir bouche ces pores et accélère donc l'asphyxie des insectes, d'où son efficacité.

PRÉPARATION : emplissez un seau d'eau et mélangez-y trois cuillères à soupe de savon noir liquide. Posez deux cintres à plat, en travers du seau. Plongez le bonsaï, tête en bas, dans le seau et posez la motte en équilibre sur les cintres car les racines ne doivent pas entrer en contact avec la solution. Laissez tremper le feuillage durant 2 à 3 heures, puis égouttez la plante. Le lendemain, douchez le feuillage à l'eau pure. Renouvelez l'opération 2 à 3 fois, avec 5 à 7 jours d'intervalle.

SILICATE DE POTASSIUM

On trouve parfois ce produit dans les drogueries ou certaines pharmacies. C'est un additif alimentaire portant la référence E560.

PRÉPARATION : dosez le produit comme indiqué sur l'emballage. Vaporisez les feuilles avec cette solution diluée à 10 % (10 cl de produit pour 1 l d'eau). Stockez dans une bouteille plastique que vous étiquetterez bien car le silicate de potassium n'est pas potable !

APPLICATION : le silicate de potassium, encore au stade expérimental, a montré chez les professionnels une réelle efficacité contre l'oïdium (blanc), l'anthracnose (taches noires) et le botrytis (pourriture grise).

INFUSION DE PRÊLES

Cette infusion est considérée par les jardiniers partisans de la culture biologique comme un fongicide préventif, mais son efficacité n'a pas été démontrée sur le plan scientifique.

PRÉPARATION : faites bouillir une bonne poignée de tiges de prêle (fraîches ou sèches) durant 3 à 5 minutes et laissez refroidir. Filtrez, puis vaporisez sans diluer.

APPLICATION : utile en préventif contre la plupart des maladies cryptogamiques, y compris le blanc (oïdium).

SOLUTION ALCOOLIQUE

L'alcool éthylique est toxique pour les invertébrés. Ne vaporisez jamais d'alcool pur directement sur les plantes (brûlures).

Utilisez une solution d'alcool médical ou d'eau-de-vie bon marché, diluée à raison d'une cuillère à soupe dans 1 l d'eau (ou à café avec le savon noir).

APPLICATION : vaporisez les feuilles en insistant sur le dessous qui est l'endroit de prédilection des ravageurs. Laissez agir en couvrant le bonsaï avec un film de plastique transparent. Une heure plus tard, douchez la plante à l'eau pure.

Renouvelez l'opération 3 fois à 5 jours d'intervalle. Bonne efficacité contre tous les types d'insectes et les acariens.

Pucerons

Insectes verts, jaunes ou noirs de 3 à 5 mm de long, ailés ou non, ils signalent leur présence par un dépôt brillant et collant (miellat) sur les feuilles qui se crispent.

REMÈDE : solution savonneuse (en vaporisation ou en bain), pulvérisation d'un insecticide à base de pyrèthre. Taille des tiges infestées.

Cochenilles farineuses

Des dépôts semblables à du coton apparaissent à l'aisselle des rameaux, dissimulant les larves. Les cochenilles farineuses adultes sont plates, rose clair. Elles mesurent environ 5 mm. Les plantes sont très vite affaiblies.

REMÈDE : identique à celui des cochenilles à bouclier. Nettoyage manuel souvent utile.

Cochenilles à bouclier

Seules les larves (0,3 mm) et les jeunes mâles sont mobiles. Les femelles adultes s'accrochent comme des verrues brunes sur les feuilles et les branches. Le signe précurseur est l'apparition de miellat sur les feuilles.

REMÈDE : bain dans la solution « pucerons ». Pulvérisation préventive (alcool + savon noir) 2 fois par mois toute l'année.

Chlorose

Cette carence en fer apparaît chez les bonsaïs régulièrement arrosés avec de l'eau calcaire. Il peut aussi s'agir d'un signe de besoin de rempotage (terre usée, manque de minéraux).

REMÈDE : rempotez dans un sol riche en tourbe blonde, arrosez avec de l'eau de pluie ou acidifiée. Utilisez de l'engrais reverdissant. Faites séjourner la plante à l'extérieur durant l'été.

Mouches blanches

Les larves vertes et immobiles mesurent 1 mm. Les adultes ressemblent à de minuscules papillons blancs. Ils s'envolent dès que l'on effleure la plante. Le signe précurseur est la formation de miellat sur les feuilles.

REMÈDE : bain dans une solution savonneuse. Pièges collants attractifs jaune vif.

Blanc (oïdium)

Ce champignon forme un dépôt blanc sur les feuilles et les jeunes pousses qui semblent poudrées de farine. La croissance est affaiblie.

REMÈDE : ne vaporisez pas trop les plantes, évitez les écarts de température. La pulvérisation de soufre micronisé est la solution curative la plus efficace.

Araignées rouges

Ces acariens (0,1 à 0,3 mm) rouges ou jaunes sont difficiles à observer. Le feuillage prend un aspect plombé caractéristique et de fines toiles se forment entre les jeunes tiges.

REMÈDE : solution alcoolique à 15 % ou pulvérisation d'un acaricide spécifique, la plupart des insecticides s'avérant inefficaces. Augmentez l'humidité de l'air par vaporisation.

Patrick Mioulane
VOUS CONSEILLE

> **Attention,** l'alcool et le savon noir ne sont pas supportés par les plantes à feuilles très fines, translucides ou veloutées. Traitez avec beaucoup de précautions.

> **Pour les cochenilles,** il est bon d'ajouter à 1l de solution savonneuse une cuillère à café d'huile de paraffine et la même dose d'alcool à 60°.

Former et sculpter un bonsaï

La silhouette d'un bonsaï doit magnifier celle des arbres de la nature. Afin que chaque sujet développe une réelle personnalité, il est nécessaire de le façonner selon des techniques éprouvées. La taille et la ligature sont des opérations décisives qu'il faut pratiquer souvent, mais à bon escient.

Selon l'espèce à laquelle ils appartiennent, les bonsaïs d'intérieur possèdent des rythmes de croissance variés. Par exemple, *Ulmus parvifolia* doit être taillé 3 à 4 fois par an, tandis que *Ficus retusa* ou *Portulacaria afra* ainsi que la plupart des espèces à feuilles épaisses se contentent d'une intervention annuelle et même parfois moins. Quel que soit le rythme de croissance, la taille est une opération nécessaire qui préserve l'équilibre de la plante et sa beauté originelle. Les bonsaïs d'intérieur se taillent et se ligaturent toute l'année. Préférez cependant les mois de mars et d'avril.

Pour offrir cette silhouette harmonieuse mais dépouillée, ce Murraya paniculata *(style* Tachiki*) âgé de 60 ans a été lentement sculpté dans les règles de l'art.*

Règles de base

Seule une observation attentive vous permet de ressentir la nécessité de tailler vos arbres. Si vous craignez de faire des erreurs, prenez des cours chez un spécialiste des bonsaïs ou dans un club d'amateurs ; la plupart proposent et organisent des stages.

AVANT TOUTE CHOSE

Prenez le temps d'observer et de projeter les conséquences de votre geste avant de tailler, toute coupe est définitive !

RÈGLES GÉNÉRALES

- **LA CIME** s'oriente verticalement.
- **LES BRANCHES LATÉRALES** s'écartent à l'horizontale du tronc.

Cet Ulmus parvifolia *(style* Hokidachi*), âgé de 12 ans, a besoin d'être taillé car sa silhouette est désordonnée.*

Le même orme après avoir été taillé. L'architecture de ses branches est désormais bien visible.

Sur ce Serissa japonica, *les jeunes pousses sont raccourcies à deux feuilles depuis leur point de départ.*

LE FEUILLAGE DE LA FACE avant doit être suffisamment clairsemé pour laisser admirer l'aspect du tronc et l'attache des branches.

LA PARTIE ARRIÈRE DU FEUILLAGE reste un peu plus dense pour assurer la photosynthèse.

LA POSITION DES BOURGEONS indique la direction de croissance de la pousse. Il existe un œil axillaire (latent) à l'aisselle de chaque feuille. Après la taille, deux ou trois de ces yeux axillaires, situés dans la partie supérieure du rameau, vont développer une nouvelle pousse. Cette dernière se dirigera dans la même direction que les yeux dont elle est issue.

JUSTE APRÈS LA TAILLE, il est normal que le feuillage paraîsse un peu clairsemé.

TAILLER UN ARBRE, c'est bouleverser le processus hormonal de sa croissance. N'intervenez donc pas trop souvent, en accordant au bonsaï au moins 8 semaines de repos après chaque opération.

LA TAILLE produit une réaction stimulante au niveau de la croissance. Plus vous taillez et plus il faudra intervenir souvent.

NE LAISSEZ PAS LES RAMEAUX s'enchevêtrer et former une silhouette trop touffue. Recherchez la légèreté et l'équilibre en permanence.

Comment tailler ?

1. Sélectionnez d'abord la branche maîtresse. Choisissez-la robuste et poussant le plus verticalement possible. Décidez dès le départ de la hauteur définitive de votre bonsaï, en taillant cette branche maîtresse (la flèche) de façon qu'il reste trois ou cinq feuilles au-dessus de la dernière ramification. Le bourgeon terminal (apex) doit être dirigé vers le haut.
2. Formez la silhouette de la couronne en la taillant en boule irrégulière. Les branches adjacentes se trouvent ainsi à la bonne longueur.

3. Raccourcissez les rameaux secondaires pour que les branches, vues de haut, forment des triangles. La feuille d'extrémité doit être dirigée vers le bas pour que le bourgeon terminal pousse à l'horizontale.

4. Selon la vigueur de l'arbre, racourcissez à une, deux ou trois feuilles les rameaux adjacents qui poussent plus ou moins verticalement, dès qu'ils ont atteint 15 à 20 cm.

5. Si deux grosses branches se trouvent côte à côte et se gênent, ôtez celle qui ne risque pas de laisser un vide apparent dans la ramure, excepté si l'effet contraire est recherché.

6. Lorsqu'une plaie de coupe atteint la grosseur d'un crayon, protégez-la avec une couche de mastic cicatrisant.

7. Une fois l'arbre taillé, la couronne doit avoir retrouvé sa forme. Chaque branche est bien dégagée, sans contact avec les autres. L'arrière est plus fourni et certaines branches peuvent dépasser largement les bords de la coupe.

Le ligaturage

Cette technique permet d'orienter dans la direction souhaitée des branches, même ligneuses et par conséquent déjà assez rigides, et de les maintenir en place. Vous pouvez par exemple écarter deux branches ou combler une partie vide de la couronne par un rameau voisin. La branche concernée est entourée de fils de cuivre qui lui confèrent une certaine souplesse permettant de lui imposer sans risque la position désirée. Opérez la contrainte en douceur, sans blesser la plante.

EN PRATIQUE

Le diamètre du fil (cuivre ou aluminium anodisé brun) ne doit pas dépasser le tiers de celui de la branche à orienter.

1. Commencez par planter le fil dans le pot, puis effectuez deux ou trois boucles autour du tronc pour assurer la prise. Entourez la branche de manière régulière (angle de 45°). Ne pas coincer de feuille ou de petit rameau.

2. Maintenez bien la branche et orientez-la doucement et avec précision.

3. Corrigez l'architecture des branches par la ligature. Tous les rameaux secondaires doivent se trouver dans des plans parallèles.

4. Ne croisez jamais deux fils sur un même rameau afin d'éviter d'étrangler et de blesser le bois si vous tardez à les ôter.

5. Laissez le fil en place durant 6 mois environ, puis supprimez-le avec une petite pince coupante. Un fil maintenu trop longtemps pénètre à l'intérieur de l'écorce et provoque la formation de cicatrices disgracieuses qui peuvent constituer des zones de fragilité propices à l'apparitions de maladies (chancres).

CONSEILS COMPLÉMENTAIRES

- Exercez-vous à ligaturer avec des branches coupées dans le jardin.
- La branche ne doit ni être brisée ni écorchée lorsque vous la courbez.
- Modifiez la position des branches sans trop les contraindre. Le bonsaï doit en priorité conserver l'aspect le plus naturel possible.

LIGATURE D'UN BONSAÏ PAS À PAS

1. *Ce jeune* Ficus retusa *(5 à 6 ans), qui a été planté obliquement dans un pot étroit mais assez haut, va être formé en semi-cascade (*Han-Kengai*).*
2. *Plantez profondément le fil de cuivre dans le pot pour bien le maintenir en place.*
3. *Orientez le tronc à 180° et enroulez du fil de cuivre de 4 mm tout autour.*
4. *Continuez le ligaturage jusqu'à l'extrémité de la branche principale, puis coupez le fil de cuivre au ras du rameau avec la pince destinée à cet effet (très pratique).*
5. *Les branches fines sont ligaturées avec du fil de 2 mm de diamètre seulement.*
6. *Une fois la plante ligaturée, sa future silhouette se dessine déjà, la ramure est mieux équilibrée, et les branches ont été orientées à volonté sans risque de les casser.*

Installé sur un rocher, ce Ficus retusa *âgé de 35 ans (*Sekijoju*) a été créé à partir d'un tout jeune sujet.*

Le prébonsaï est idéal pour s'exercer, à moindre frais, à la formation d'un petit arbre en pot.

Créer un bonsaï

Vous pouvez obtenir un joli bonsaï en 3 à 5 ans, en partant de plantes en pots déjà ramifiées (prébonsaïs). Préférez les espèces faciles, qui poussent vite et se taillent bien.

POUR DÉBUTER, CHOISISSEZ :

- **ARALIA MING** (*Polyscias fruticosa*)
- **AZALÉE DES FLEURISTES** (*Rhododendron indicum*)
- **BOUGAINVILLIÉE** (*Bougainvillea sp.*)
- **FICUS** (banians et espèces à petites feuilles)
- **GRENADIER** (*Punica granatum*)
- **MYRTE** (*Myrtus communis*)
- **NEIGE DE JUIN** (*Serissa japonica*)
- **OLIVIER** (*Olea europaea*)
- **ORME DE CHINE** (*Ulmus parvifolia*)
- **SAGÉRETIA** (*Sageretia theezans*)
- **SCHEFFLÉRA** (*Brassaia actinophylla*)

OÙ ACHETER LES PRÉBONSAÏS ?

Certaines jardineries en proposent, de même que tous les spécialistes des bonsaïs. Il est aussi très valable de se rendre dans des pépinières et de rechercher des sujets qui n'ont pas été vendus parce qu'ils ne correspondaient pas au standard habituel : plante tordue, aplatie, cassée, déformée, etc. Vous pourrez acquérir ces sujets à bon prix et grâce à leur personnalité, ils constitueront une base idéale pour un futur bonsaï.

1

2

3

4

5

6

7

8

9

LA CRÉATION D'UN BONSAÏ PAS À PAS

1. *Un plant de* Syzygium cumini (Eugenia) *cultivé en pot va être transformé en bonsaï.*
2. *Dépotez la plante dont les racines doivent être bien apparentes sur la motte.*
3. *Dégagez soigneusement les racines, en grattant le substrat avec une petite griffe.*
4. *Supprimez les divers rejets ligneux qui se sont parfois formés à la base du tronc.*
5. *Avec des ciseaux épais, coupez toutes les racines d'environ un tiers de leur longueur.*
6. *Taillez la ramure pour l'aérer, mais aussi réduire le nombre de branches.*
7. *Dessinez l'ébauche d'un tronc, en dégageant bien la base de la tige principale.*
8. *Appliquez une couche de mastic cicatrisant sur les plus grosses plaies de coupe.*
9. *Rempotez la plante lorsqu'elle a été totalement taillée ; arrosez très généreusement. La silhouette de l'arbre (style* Nejikan*) va pouvoir être progressivement ciselée.*

LES CRITÈRES DE CHOIX

Les plantes dont le tronc se ramifie dès la base sont idéales pour constituer des bonsaïs. Dès le départ, vous devez imaginer l'aspect définitif que prendra votre arbre, sachant que les trois à huit branches les plus hautes formeront la couronne.

CONSEILS DE MISE EN FORME

La silhouette de la plante de départ détermine la forme future. N'imposez pas un style, laissez-vous guider par l'aspect du jeune arbre. La bonne question à se poser n'est pas : « À quel style correspond mon arbre ? », mais plutôt : « Mon bonsaï pousserait-il avec cette forme dans la nature ? ». Le côté artistique de la culture des bonsaïs apparaît évident dès que l'on commence à sculpter des plantes ordinaires et à leur faire exprimer une nouvelle personnalité plus affirmée. C'est une technique que seule l'expérience permet de maîtriser.

Un bonsaï vite fait

En moins de 2 heures, il est possible d'obtenir un bonsaï ayant fière allure. Pour relever ce défi, vous devez disposer d'un beau sujet déjà fortement ramifié, qui a été cultivé au moins 2 ans dans son pot et taillé plusieurs fois de manière à former une ramure assez compacte.

- **COMMENCEZ PAR COUPER,** avec des ciseaux de jardin, toutes les racines qui sortent du pot.
- **DÉPOTEZ PRÉCAUTIONNEUSEMENT** le jeune arbre. Si la motte ne se désolidarise pas bien du pot, n'hésitez pas à le casser.
- **PROCÉDEZ COMME POUR UN REMPOTAGE,** en éliminant le plus possible la terre qui entoure la motte et en réduisant d'un tiers la longueur des racines. Le volume du système racinaire doit s'équilibrer avec celui de la ramure une fois taillée.

Procédez à une taille sévère consistant à réduire sérieusement le nombre des branches pour obtenir une silhouette aérée (il faut que le regard puisse passer au travers).

- **LORS DE CETTE PREMIÈRE TAILLE,** très drastique, entre la moitié et les deux tiers du volume de la ramure vont être éliminés.
- **COUVREZ DE CICATRISANT** toutes les plaies importantes (0,5 cm et plus), afin d'éviter tout risque d'apparition de maladie.
- **EMPOTEZ LA PLANTE TAILLÉE** dans une coupe pour bonsaï, bien proportionnée à sa silhouette et à ses nouvelles dimensions.
- **TERMINEZ PAR UN ARROSAGE** très copieux en n'omettant pas de mouiller le feuillage.

PATIENTER AVANT DE SCULPTER

Placez votre nouveau bonsaï dans un endroit bien éclairé, arrosez-le, mais ne fertilisez pas la terre avant 8 semaines. De nouveaux bourgeons vont apparaître entre 2 et 3 semaines après le rempotage, signe que l'opération a parfaitement réussi.

Six mois plus tard, vous pourrez procéder à une première mise en forme avec un ligaturage. Si le tronc nécessite une formation, commencez avec lui et les branches principales. Attendez 6 mois pour ligaturer la ramure secondaire après avoir déligaturé le tronc.

FORMER UN BONSAÏ

1. *Ce prébonsaï de* Metrosideros villosus *'Variegata' est prêt à être formé.*
2. *En dépotant soigneusement l'arbre, on constate que la motte est tapissée de racines, ce qui indique l'opportunité de l'opération de formation.*
3. *Dans un premier temps, taillez simplement les pousses trop longues ou mal placées.*
4. *Avec du fil de cuivre de 4 mm, procédez à un ligaturage du tronc et des branches principales qui nécessitent une orientation particulière.*
5. *Supprimez les rejets et les basses branches pour bien dégager la base du tronc.*
6. *Choisissez un pot à bonsaï bien adapté aux proportions de l'arbre.*
7. *Après le rempotage, terminez le ligaturage des extrémités de branches (fil de 2 mm).*
8. *Après cette première formation, l'arbre a pris logiquement la forme semi-cascade* (Han-Kengai) *que laissait supposer au départ son tronc développé en oblique.*

Une formation rapide

Vous pouvez gagner du temps en partant d'un pré-bonsaï. L'arbuste, qui est en moyenne âgé de 5 à 8 ans, a été taillé de nombreuses fois pour que son tronc et ses branches s'étoffent bien, sans qu'il se forme une profusion de pousses inutiles et enchevêtrées.

C'est ce qui est illustré étape par étape à la page 51.

Le prébonsaï a été cultivé dans un pot standard, ce qui lui a permis de développer un système racinaire d'une bonne vigueur.

La silhouette naturelle du prébonsaï choisi (*Metrosideros villosus* 'Variegata') étant inclinée, mais généreusement ramifiée, deux opportunités de style sont permises : *Shakan* (tronc penché) ou *Han-Kengai* (semi-cascade).

L'espèce utilisée dans notre exemple étant plutôt arbustive et compacte, elle ne va pas développer un tronc important. La forme en semi-cascade s'impose donc logiquement.

MISE EN FORME IMMÉDIATE

Avant de procéder au rempotage proprement dit, commencez par ciseler la silhouette de l'arbre en procédant à un ligaturage.

En partant le plus près possible de la base du tronc, enroulez en spirale un fil de cuivre (4 mm). Même pour des bois assez durs, le diamètre du fil ne doit jamais dépasser le tiers de celui du tronc. La branche va être ligaturée dans toute sa partie ligneuse, seule l'extrémité tendre étant épargnée.

Inclinez la branche ligaturée vers le bas, en lui faisant dépasser la position horizontale pour qu'elle prenne la forme d'une semi-cascade.

Consolidez ensuite les branches latérales les plus proches avec du fil de 2 mm, après les avoir raccourcies au besoin.

Inclinez-les pour qu'elles semblent se diriger vers la lumière comme si l'arbre vivait au fond d'une gorge rocheuse.

REMPOTAGE ESTHÉTIQUE

Installez l'arbre dans un pot assez haut, adapté à la forme en semi-cascade. La ligature imposant une contrainte à la plante, taillez un minimum de racines. L'important est d'équilibrer la ramure avec le contenant.

CONSEILS PRATIQUES

- Couvrez le bonsaï d'un film plastique transparent après avoir bien arrosé. L'humidité permanente favorisera la reprise et la pousse de nouveaux bourgeons.
- Éliminez tous les petits rameaux qui se dirigent vers le bas une fois obtenue la position définitive en semi-cascade (taille en plateau).
- Ne formez pas toute la ramure en même temps. Procédez plutôt par tiers ou par quart selon le volume du plant.

Patrick Mioulane VOUS CONSEILLE

> Exercez-vous sur des azalées d'intérieur, ce sont des plantes faciles à former en balai (*Hokidachi*), en éclaircissant les branches trop serrées et en raccourcissant la couronne. Éliminez aussi une partie des branches basses de manière à dégager une ébauche de tronc.

> De jeunes *Ficus retusa* constituent d'excellents sujets pour exercer vos talents de « sculpteur végétal » et former un *Nejikan* (tronc sinueux), un *Bankan* (tronc enroulé sur lui-même en torsade) ou un *Tachiki* (tronc vertical, de forme irrégulière).

> Les *Ficus* et les euphorbes sécrètent une substance laiteuse (latex) qui coule de chaque blessure. Cette sève coagule dans l'eau et au-dessus de 60 °C. Après la taille, vaporisez donc un fin brouillard d'eau claire sur ces plantes ou appliquez une éponge bien humide sur chaque plaie. Sur les blessures importantes, faites coaguler la sève à la flamme d'un briquet (une demi-seconde).

> Précaution avec le *Ficus*, taillez toujours la branche terminale au-dessus d'un bourgeon nettement développé, ou mieux encore d'une petite pousse, afin d'assurer la pérennité de la croissance.

> Des bonsaïs qui ne se taillent pas, c'est le cas du sagoutier du Japon (*Cycas revoluta*), plantes à la croissance très lente et que l'on cultive sous forme naine en le confinant dans un pot étroit, en ne l'arrosant pratiquement pas et en ne le rempotant guère que tous les 3 ans. Ne se taille pas non plus le palmier bambou (*Rhapis exelsa*), communément présenté en association avec des rochers et des petits objets décoratifs. La composition prend alors le nom de *bonkei*.

> Le bon rapport entre branches et racines doit se situer entre 3 et 4, la partie aérienne représentant entre les 2/3 et les 3/4 du volume total du bonsaï. C'est pourquoi il importe de tailler les racines lors de chaque rempotage.

Ce Ficus retusa *de 16 ans a développé plusieurs troncs sur une seule racine* (Kabudachi). *(Coll. Rémy Samson.)*

Les meilleurs bonsaïs d'intérieur

Vous trouverez dans les pages suivantes un choix de bonsaïs d'intérieur les plus courants. Leurs besoins variant d'une espèce à l'autre, les plantes ont été classées selon leurs zones climatiques : régions méditerranéennes, subtropicales, tropicales, ou steppes arides.

Les méditerranéens

Les plantes dites « méditerranéennes » ne sont pas toutes issues des bords de la « grande bleue ». Le climat Méditerranéen, dont les caractéristiques particulères associent sécheresse estivale à un temps frais et humide en hiver, existe aussi dans le sud-ouest de l'Australie, en Afrique du Sud, au Chili et en Californie.

Les plantes, originaires de ces régions, craignent un peu le froid (minimum –5 à –8 °C). Mais dès que les risques de gelées nocturnes sont passés, elles peuvent être installées dehors, dans un endroit bien ensoleillé et surtout protégé des courants d'air.

Les espèces à feuilles cireuses, comme l'olivier ou les agrumes (oranger, citronnier, kumquat), supportent bien le manque d'eau, mais elles craignent l'air sec du chauffage central. Les plantes à feuilles tendres comme la bougainvillée ont besoin d'hiverner sous un abri tempéré (de 10 à 15 °C). Le grenadier ou le chêne duveteux, arbres caducs, qui perdent donc leurs feuilles l'hiver, exigent une dormance bien marquée, entre 4 et 10 °C, pas plus.

D'une manière générale, les méditerranéennes s'accommodent bien en hiver, d'une température comprise entre 4 et 15 °C, avec un maximum de lumière bien entendu. Pour obtenir ces conditions, une véranda est idéale.

Ce sublime spécimen de Sageretia theezans *est âgé de 85 ans. Il est façonné dans le style* Shakan *(tronc penché).*

Araucaria heterophylla
(Araucariaceae)

NOM COMMUN : pin de Norfolk.
ORIGINE : île de Norfolk, Océanie.
ACCLIMATATION : sans problème si la température ambiante est comprise entre 13 et 18 °C en hiver.
EMPLACEMENT : jamais de soleil direct, mais la pièce doit être lumineuse.
HUMIDITÉ : importante pour éviter le jaunissement et la chute des aiguilles. Vaporisation du feuillage obligatoire.
ARROSAGE : modéré. Apportez de l'eau (jamais trop froide), seulement lorsque la motte est légèrement sèche en surface.
FERTILISATION : un engrais à action lente est apprécié au départ de la végétation.
ENNEMIS ET MALADIES : les araignées rouges sont redoutables en été ou dans les pièces trop chauffées et trop sèches.
REMPOTAGE : tous les 2 ans au printemps, en taillant la moitié des racines.
SUBSTRAT : terre de bruyère, terreau d'écorce et de tourbe, terre de jardin et sable de rivière en mélange à parts égales.
TAILLE : pincez les jeunes pousses des deux tiers de leur longueur en avril-mai. Ne taillez pas trop les branches, excepté celles de la base qui meurent naturellement. Il ne faut jamais tailler les feuilles.
LIGATURE : toute l'année, uniquement les tiges ligneuses principales qui ont tendance à être un peu raides. Retirez le fil après 4 mois au maximum.

Deux Araucaria heterophylla *de 6 et 12 ans en début de formation dans le style* Bunjingi *(le lettré).*

REMARQUE : il est impératif d'éviter les courants d'air froids à l'araucaria. Douchez le feuillage dès que la température s'élève (surtout en été).
AVERTISSEMENT : en été, il y a tout intérêt à sortir le bonsaï d'araucaria dans le jardin, sous un ombrage léger.

LE CONSEIL DE PATRICK MIOULANE

Si les aiguilles jaunissent ou se décolorent, c'est que l'araucaria a besoin d'engrais (pour rosiers par exemple) ou d'un rempotage.

Bougainvillea
(Nyctaginaceae)

NOM COMMUN : bougainvillée, bougainvillier, fleur de Bougainville.
ORIGINE : Brésil.
ACCLIMATATION : difficile de le conserver si l'on ne possède pas une véranda.
EMPLACEMENT : plein soleil toute l'année.
HUMIDITÉ : forte (au moins 60 %), dès que la température dépasse 18 °C.
ARROSAGE : des apports d'eau très modérés en hiver, mais maintenez la motte de terre humide d'avril à octobre.
FERTILISATION : un engrais liquide « plantes fleuries » tous les 10 jours de mars à juin et en septembre-octobre.
ENNEMIS ET MALADIES : acariens et aleurodes par temps sec. Cochenilles en hiver. Chlorose si l'eau est très calcaire.
REMPOTAGE : tous les 2 à 4 ans, entre fin mars et mi-mai.
SUBSTRAT : terreau pour agrumes, sable, terre de bruyère et terre de jardin en mélange homogène à parts égales.
TAILLE : coupez à 2 yeux les pousses qui ont fleuri. Pincez les jeunes branches qui ont tendance à se développer avec vigueur. Réduisez l'importance de la ramure en hiver.
LIGATURE : toute l'année sur les pousses ligneuses, laissez les fils de cuivre en place durant 2 à 5 mois maximum.
REMARQUE : on observe souvent une chute anormale du feuillage lorsque les plantes sont trop arrosées.

Bougainvillea spectabilis, *un élégant spécimen bien fleuri, âgé de 18 ans, conduit dans le style* Nejikan.

AVERTISSEMENT : la température hivernale doit être comprise entre 7 et 16 °C. Il n'est pas rare d'observer une chute partielle (voire totale) du feuillage lorsque des écarts importants sont enregistrés.

LE CONSEIL DE **PATRICK MIOULANE**

Laissez légèrement sécher le substrat entre deux arrosages et veillez à un parfait drainage. Il faut réduire la fréquence des apports d'eau durant la période de floraison car cela favorise l'apparition de nouveaux boutons.

Buxus harlandii
(Buxaceae)

NOM COMMUN : buis de Formose, buis de Chine.

ORIGINE : Taïwan.

ACCLIMATATION : assez facile, cette espèce peut quasiment vivre toute l'année dehors dans le Midi. Il suffit de rentrer la plante durant les grands froids (à partir de 5 °C).

EMPLACEMENT : en pleine lumière toute l'année, excepté par temps de canicule. Dans le Midi, une exposition mi-ombragée est à préférer de mai à fin septembre.

HUMIDITÉ : elle doit être importante dès que la température s'élève. Vaporisez une fois par jour à partir de 15 °C.

ARROSAGE : imbibez totalement la motte, puis laissez sécher avant de recommencer. Cette espèce supporte bien le manque d'eau.

FERTILISATION : au printemps, un apport d'engrais à action lente (type Osmocote) suffit pour toute la saison. Sinon une fertilisation mensuelle à l'engrais liquide d'avril à juin, puis en septembre-octobre.

ENNEMIS ET MALADIES : pucerons et acariens sont fréquents en été, surtout par temps chaud et sec.

REMPOTAGE : tous les 2 ans en avril-mai, dans une coupe plate de préférence.

SUBSTRAT : terre de bruyère, terreau d'écorce et de tourbe, terre de jardin et sable de rivière en parts égales.

TAILLE : coupez les pousses à 2 feuilles lorsqu'elles en ont produit 5 ou 6.

Ce superbe spécimen de Buxus harlandii *travaillé dans le style* Sôkan *(deux troncs) est âgé de 28 ans.*

LIGATURE : à toute époque de l'année, mais en ne dépassant pas 2 mois maximum. REMARQUE : le bois étant très dur, utilisez des outils puissants pour la taille.

AVERTISSEMENT : ce buis n'a rien à voir avec celui du jardin, il craint vraiment le gel.

LE CONSEIL DE PATRICK MIOULANE

Brossez le tronc en avril et en septembre pour éliminer la mousse et les pontes d'insectes qui s'incrustent dans l'écorce fissurée très décorative de ce buis asiatique.

Duranta erecta
(Verbenaceae)

NOM COMMUN : vanillier de Cayenne, fleur du ciel, bois jambette.
ORIGINE : Amérique tropicale.
ACCLIMATATION : délicate dans la maison car les exigences de la plante en température et en lumière sont trop importantes, mais facile dans une véranda ou une serre.
EMPLACEMENT : en pleine lumière, dans une pièce peu chauffée (10/12 °C) l'hiver.
HUMIDITÉ : vaporisez le feuillage dès que la température dépasse les 15 °C, sinon la plante se dégarnit rapidement et souffre.
ARROSAGE : modéré en hiver (pas plus d'une fois par semaine), abondant durant la période de croissance, mais laissez le substrat sécher un peu entre deux apports.
FERTILISATION : un peu d'engrais organique une fois par mois de mars à juin, puis de septembre à novembre.
ENNEMIS ET MALADIES : pucerons, cochenilles farineuses, aleurodes, acariens.
REMPOTAGE : annuel entre le 15 mars et le 30 avril chez les jeunes sujets en formation, tous les 3 ans courant avril pour les durantas adultes.
SUBSTRAT : terreau acide, terre de jardin (ou akadama) et sable par tiers.
TAILLE : équilibrez la ramure au printemps et coupez court les pousses les plus vigoureuses. N'intervenez pas durant la période de croissance pour ne pas compromettre la floraison et la fructification.

Ce sujet exceptionnel de Duranta erecta, *âgé de 95 ans, est un* Sabamiki *(tronc fendu, déchiré, en partie dénudé).*

LIGATURE : durant 4 mois sur le bois aoûté, pour bien étager la ramure.
REMARQUE : sortez le duranta pendant l'été dans un endroit ensoleillé du jardin.
AVERTISSEMENT : la croissance du tronc est lente et il faut bien structurer la ramure de l'arbre dès son plus jeune âge.

LE CONSEIL DE PATRICK MIOULANE

Pour bénéficier de la jolie floraison bleue suivie de baies jaune d'or, offrez à la plante une douzaine d'heures d'éclairage artificiel entre mi-octobre et fin mars.

Juniperus chinensis (Cupressaceae)

NOM COMMUN : genévrier de Chine.
ORIGINE : Chine, Taïwan.
ACCLIMATATION : difficile en appartement, mais il est possible de le cultiver toute l'année en plein air dans le Midi. Ailleurs, une verrière à peine chauffée s'impose.
EMPLACEMENT : plein soleil toute l'année.
HUMIDITÉ : vaporisez souvent, dès que la température atteint de 13 à 15 °C. Il est bon d'installer ce bonsaï toute l'année sur un plateau rempli de gravillons humides.
ARROSAGE : tous les jours dès que la température dépasse les 25 °C en été, parcimonieux (tous les 7 à 10 jours) en hiver.
FERTILISATION : un apport d'engrais organique en avril suffit en général pour toute la saison. Si la plante a bien poussé, une seconde fertilisation en septembre sera appréciée avec un engrais pour conifères.
ENNEMIS ET MALADIES : la rougeur des aiguilles due à *Coryneum cardinale* est une maladie cryptogamique mortelle pour la plante. Pulvérisez un fongicide de synthèse.
REMPOTAGE : une fois tous les 3 à 5 ans, courant mars ou avril, taillez au moins le tiers des racines. Arrosez peu après l'opération.
SUBSTRAT : un mélange de terre de jardin (ou akadama), de sable de rivière assez grossier et de terreau acide par tiers.
TAILLE : pincez les jeunes pousses au printemps et en automne, nettoyez la ramure et le tronc (attention aux algues) en hiver.

Ce Juniperus chinensis *var.* formosanum *âgé de 48 ans offre une silhouette très équilibrée dans le style* Nejikan.

LIGATURE : en automne de préférence, laissez le fil de cuivre durant 5 à 8 mois.
REMARQUE : ce genévrier supporte de courtes et petites gelées (–5 °C).
AVERTISSEMENT : ne pas donner d'engrais en été (juillet-août).

LE CONSEIL DE **PATRICK MIOULANE**

Il ne faut pas exposer cet arbre à la neige car elle brûle ses aiguilles. Très résistant à la sécheresse, arrosez-le plutôt avec de l'eau calcaire, il appréciera.

Myrtus communis
(Myrtaceae)

NOM COMMUN : myrte commun.
ORIGINE : maquis et garrigue dans tout le Bassin méditerranéen.
ACCLIMATATION : rustique dans le Midi, cette espèce nécessite une véranda dans les autres régions. Hivernage entre 5 et 12 °C.
EMPLACEMENT : plein soleil. L'intensité de la lumière est la clé du succès.
HUMIDITÉ : vaporisez en hiver si la température de la pièce dépasse les 10 °C, mais également en été les soirs de canicule.
ARROSAGE : attendez que la terre sèche en surface pour mouiller généreusement la motte, de préférence en pluie fine.
FERTILISATION : un engrais liquide pour agrumes tous les 15 jours d'avril à octobre.
ENNEMIS ET MALADIES : acariens, pucerons, aleurodes. Les insectes piqueurs suceurs entraînent l'apparition de fumagine, sorte de suie noire qui tache toute la plante.
REMPOTAGE : tous les 2 ou 3 ans, de début mars à fin avril, si possible avant que n'apparaissent les nouvelles pousses.
SUBSTRAT : terre de jardin (ou akadama), sable de rivière granuleux et tourbe par tiers.
TAILLE : au début du printemps, pincez les nouvelles branches. N'intervenez pas entre mai et la fin de la floraison. Coupez ensuite tous les jeunes rameaux à 2 feuilles de leur point de naissance. Éliminez les rejets.
LIGATURE : les branches ligneuses toute l'année, en laissant le fil 3 ou 4 mois.

Ce Myrtus communis *var.* tarentina *âgé de 8 ans s'exprime dans le style* Soju*, un ensemble de deux troncs distincts.*

REMARQUE : le myrte peut vivre plus d'un siècle en pot. Ces sujets âgés sont, de très loin, les plus attractifs, avec leur écorce blonde et leur aspect tourmenté.
AVERTISSEMENT : dégagez chaque hiver les pousses qui se sont développées au centre de la ramure, c'est plus esthétique.

LE CONSEIL DE PATRICK MIOULANE

Sortez le myrte dans le jardin en plein soleil dès le début mai et jusqu'à fin octobre. Rentrez la plante avant la première gelée.

Olea europaea
(Oleaceae)

NOM COMMUN : olivier.
ORIGINE : Asie mineure.
ACCLIMATATION : rustique dans le Midi, l'olivier nécessite la protection d'une véranda ou d'une serre froide ailleurs. Par défaut, il ne peut effectuer que de très courts séjours dans la maison.
EMPLACEMENT : plein soleil, la lumière directe lui est nécessaire toute l'année.
HUMIDITÉ : vaporisez avec modération dès que la température atteint 25 °C, l'olivier est un arbre de zones sèches qui craint l'air humide en hiver et au printemps.
ARROSAGE : parcimonieux en hiver, prudent en été, la motte ne doit pas complètement sécher durant la croissance.
FERTILISATION : un engrais liquide pour olivier une fois par mois de mars à juin et de septembre à début novembre.
ENNEMIS ET MALADIES : cochenilles, psylles, oïdium, taches cryptogamiques.
REMPOTAGE : en avril, tous les 2 ou 3 ans, en taillant un petit tiers des racines.
SUBSTRAT : moitié terre de jardin plutôt calcaire, 1/4 terreau, 1/4 sable de rivière.
TAILLE : la croissance est assez lente. Pincez les jeunes pousses en juin et octobre. Ne laissez pas un trop grand nombre de ramifications. On dit en Provence qu'un oiseau doit pouvoir traverser la ramure.
LIGATURE : sur les rameaux ligneux, ne pas laisser le fil plus de 3 mois en place.

Bien qu'âgé de 40 ans, cet Olea europaea *de style* Shakan *n'a pas encore atteint sa maturité esthétique.*

REMARQUE : l'olivier redoute l'humidité stagnante, cependant il ne doit pas sécher l'été.
AVERTISSEMENT : ne fertilisez pas durant le plein été, mais vaporisez le feuillage, surtout le soir après une journée chaude.

LE CONSEIL DE **PATRICK MIOULANE**

Achetez des sujets déjà âgés ou formés à partir de vieux rejets très tortueux, car les jeunes oliviers donnent des bonsaïs assez peu décoratifs. Ne laissez pas la mousse envahir le tronc, signe d'humidité trop forte.

Phillyrea angustifolia
(Oleaceae)

NOM COMMUN : filaire, filaria.
ORIGINE : Méditerranée.
ACCLIMATATION : rustique dans le Midi et sur le littoral, cet arbrisseau, que l'on peut considérer comme un proche cousin de l'olivier, nécessite ailleurs un hivernage sous une véranda. Il est difficile à maintenir en bon état dans un intérieur chauffé.
EMPLACEMENT : plein soleil toute l'année.
HUMIDITÉ : si la plante hiverne dans un intérieur, vaporisez le feuillage dès que la température dépasse 15 °C. En été, le filaire supporte bien la sécheresse atmosphérique.
ARROSAGE : modéré toute l'année, mais ne laissez pas la plante se dessécher l'été.
FERTILISATION : un engrais liquide pour olivier toutes les 3 semaines dès avril, avec une interruption en juillet et en août.
ENNEMIS ET MALADIES : cochenilles à bouclier, aleurodes, taches cryptogamiques.
REMPOTAGE : tous les 2 ou 3 ans, début avril. Il n'est pas toujours nécessaire d'utiliser une coupe plus grande.
SUBSTRAT : moitié terre de jardin ou akadama, 1/4 terreau non acide, 1/4 sable.
TAILLE : toute l'année, pincez à deux feuilles les jeunes pousses dès qu'elles mesurent 5 cm. La taille de structure est pratiquée, si nécessaire, durant l'hiver.
LIGATURE : sur les rameaux ligneux, à toute époque de l'année, mais il ne faut pas laisser le fil en place durant plus de 4 mois.

Ce Phillyrea angustifolia *âgé de 20 ans, s'exprime dans le style* Kabudachi *(plusieurs troncs sur une seule racine).*

REMARQUE : les fruits bleu foncé étant décoratifs, ne taillez pas après la floraison.
AVERTISSEMENT : le filaire craint les courants d'air frais qui le font sécher et provoquent la chute prématurée des feuilles.

LE CONSEIL DE **PATRICK MIOULANE**

Il est quasi impossible de conserver un filaire dans un appartement pendant l'hiver. Il est préférable de le placer dans une petite serre (même un abri en plastique) installée dans un endroit abrité sur le balcon.

Pistacia lentiscus (*Anacardiaceae*)

Ce Pistacia lentiscus, *âgé de 22 ans, a développé une solide et belle ramure dans le style* Hokidachi *(balai).*

NOM COMMUN : lentisque.
ORIGINE : Bassin méditerranéen.
ACCLIMATATION : rustique dans le Midi, cet arbre, qui forme de très beaux bonsaïs, nécessite ailleurs un hivernage en serre ou en véranda. En appartement, l'échec est quasiment assuré (chute rapide des feuilles).
EMPLACEMENT : le plein soleil toute l'année. Un apport de lumière artificielle (6 heures par jour) est le bienvenu l'hiver, dans les régions situées au nord de la Loire.
HUMIDITÉ : vaporisez dès que la température atteint 15 °C en période de dormance (de novembre à fin février).
ARROSAGE : peu fréquent, mais en imbibant totalement la motte à chaque fois. C'est une plante très résistante au sec.
FERTILISATION : de mars à octobre, ne dépassez pas un apport mensuel d'engrais liquide pour olivier. Interrompez la fumure durant les périodes de fortes chaleurs.
ENNEMIS ET MALADIES : aleurodes et cochenilles à bouclier sous abri en hiver.
REMPOTAGE : en avril, tous les 2 ou 3 ans, en taillant un tiers des racines.
SUBSTRAT : moitié terre de jardin ou akadama, 1/4 terreau, 1/4 sable granuleux.
TAILLE : la formation se pratique en mars ou avril en éliminant les branches mal placées. Pincez les jeunes pousses toute l'année.
LIGATURE : sur les rameaux ligneux, ne laissez pas le fil en place plus de 3 mois.
REMARQUE : éliminez la mousse lorsqu'elle se forme à la base du tronc. C'est l'indication d'une ambiance trop humide qui peut s'avérer à la longue néfaste pour la plante.
AVERTISSEMENT : il est indispensable de mastiquer les grosses plaies de taille.

LE CONSEIL DE PATRICK MIOULANE

Il existe d'autres espèces intéressantes comme bonsaïs d'orangerie, notamment *Pistacia terebinthus* à la très belle écorce.

Punica granatum
(Punicaceae)

NOM COMMUN : grenadier.
ORIGINE : Bassin méditerranéen.
ACCLIMATATION : relativement rustique, le grenadier doit juste être maintenu hors gel (minimum 5 °C) durant la période hivernale, lorsqu'il est cultivé en pot. Il vit bien sous une verrière, très mal dans une maison chauffée.
EMPLACEMENT : plein soleil, à peine voilé aux plus chaudes heures de l'été.
HUMIDITÉ : pour la rafraîchir, vaporisez la plante conservée à l'intérieur dès que la température atteint 15 °C. En été, une bonne douche les soirs de canicule lui est bénéfique.
ARROSAGE : en hiver, juste assez pour que la terre ne sèche pas. Durant la croissance, soyez d'autant plus généreux avec l'eau, que la température ambiante augmente.
FERTILISATION : un apport annuel au printemps d'un engrais à action lente progressive (type Osmocote) convient bien.
ENNEMIS ET MALADIES : pucerons, cochenilles, rouille, oïdium, tavelure. cette dernière maladie doit être traitée de manière préventive à la bouillie bordelaise chez tous les sujets qui séjournent en plein air.
REMPOTAGE : tous les 2 ans au départ de la végétation. Coupez 1/3 des racines.
SUBSTRAT : moitié terre de jardin argileuse ou akadama, 1/4 terreau, 1/4 sable.
TAILLE : après la floraison, coupez les pousses à deux feuilles. Pincez toute l'année. Rééquilibrez la silhouette en automne.

Ce Punica granatum *âgé de 7 ans, qui fleurit à la fin du printemps, se décline dans le style* Hokidachi *(balai).*

LIGATURE : en juin si nécessaire, mais les rameaux sont assez cassants.
REMARQUE : aérez par temps doux en hiver, mais en évitant les courants d'air.
AVERTISSEMENT : ne laissez pas les fruits, cela épuise le grenadier cultivé en pot.

LE CONSEIL DE **PATRICK MIOULANE**

Sortez le grenadier dans le jardin dès le début avril, et ne le rentrez pas avant la fin octobre. Cultivez-le dans une coupe plate et rectangulaire pour créer une belle harmonie.

Rhododendron indicum
(Ericaceae)

NOM COMMUN : azalée d'intérieur.
ORIGINE : Inde, Himalaya.
ACCLIMATATION : cette plante ne survit qu'une quinzaine de jours dans un intérieur normalement chauffé. En revanche, elle se comporte parfaitement et fleurit longtemps dans une véranda maintenue hors gel.
EMPLACEMENT : jamais de soleil direct, de fin avril à fin septembre.
HUMIDITÉ : il ne faut pas vaporiser car les gouttelettes d'eau tachent les feuilles. Placez le pot sur un lit de gravillons humides lorsque la température est supérieure à 15 °C.
ARROSAGE : très copieux ; la motte doit être maintenue humide, surtout pendant la floraison, mais sans eau stagnante. Utilisez obligtoirement de l'eau non calcaire.
FERTILISATION : un engrais liquide pour rhododendron une fois par mois, excepté pendant la floraison et en plein été.
ENNEMIS ET MALADIES : tigres du rhododendron, cicadelles, chlorose, pourridié.
REMPOTAGE : chaque année, juste après la floraison pour les jeunes sujets. Les azalées adultes seront rempotées tous les 2 ans, en éliminant un tiers des racines.
SUBSTRAT : 3/4 de terre de bruyère, 1/4 terreau léger riche en tourbe. La terre de bruyère pure est possible, mais ce substrat très pauvre rend les plantes chétives.
TAILLE : supprimez les feuilles qui ont poussé avant la floraison. À la fin de l'été, réduisez les nouvelles pousses à 2 feuilles.

Très florifère, ce Rhododendron indicum *âgé de 12 ans, se présente dans le style* Hokidachi *(balai).*

LIGATURE : en automne, mais avec précaution car les pousses sont cassantes.
REMARQUE : sortez l'azalée d'avril à octobre au jardin, sous un couvert léger.
AVERTISSEMENT : la motte ne doit pas sécher entièrement, sinon la plante meurt.

LE CONSEIL DE PATRICK MIOULANE

Ne confondez pas cette espèce semi-rustique avec les autres rhododendrons, qui se cultivent exclusivement à l'extérieur. L'azalée de l'Inde craint le gel (minimum 5 °C).

Ulmus parvifolia
(*Ulmaceae*)

NOM COMMUN : orme de Chine, orme à petites feuilles.
ORIGINE : Chine, Taïwan.
ACCLIMATATION : cette espèce apprécie la fraîcheur hivernale, mais elle craint le gel. Sa durée de vie est très limitée dans un intérieur chauffé (chute rapide des feuilles). Une verrière garantit une longue réussite.
EMPLACEMENT : plein soleil toute l'année, mais avec un léger voilage translucide aux heures les plus chaudes de l'été.
HUMIDITÉ : vaporiser quotidiennement en hiver, dès que la température atteint 15 °C et en été lorsqu'elle dépasse les 25 °C.
ARROSAGE : très abondant l'été en veillant à imbiber totalement la motte, bien plus parcimonieux en hiver, soit tous les 7 à 10 jours selon la température ambiante.
FERTILISATION : apportez un engrais liquide pour bonsaï toutes les 3 semaines durant la période de croissance.
ENNEMIS ET MALADIES : érinose (galles dues à des acariens) taches foliaires, cloque.
REMPOTAGE : de mars à fin avril, tous les 2 ou 3 ans en supprimant les parties abîmées et un tiers environ des racines.
SUBSTRAT : moitié de bonne terre de jardin ou d'akadama, 1/2 de terreau, 1/2 de sable.
TAILLE : ne conservez que 2 feuilles dès que chaque nouvelle pousse atteint 10 cm. La taille de structure s'effectue à la fin de l'hiver en n'hésitant pas à réduire fortement la longueur des branches principales.

Une forêt (style Nanahon-Yose*) composée de sept* Ulmus parvifolia *âgés de 7 à 30 ans et déjà très expressifs dans leur silhouette.*

LIGATURE : posez le fil de cuivre sur les rameaux ligneux fin juin, ôtez-le en octobre.
REMARQUE : installez l'orme de Chine dans une coupe assez plate car il développe surtout des racines superficielles.
AVERTISSEMENT : une pièce confinée et chaude est fatale à l'orme de Chine.

LE CONSEIL DE **PATRICK MIOULANE**

Pincez à une feuille seulement les pousses apparues après la première taille. Il importe que la silhouette reste bien compacte.

Zanthoxylum piperitum
(Rutaceae)

NOM COMMUN : poivrier du Japon, clavalier du Japon.

ORIGINE : Chine, Japon.

ACCLIMATATION : il faut juste éviter le gel à cet arbre qui peut résister en plein air dans le Midi. La culture s'avère délicate dans un intérieur normalement chauffé. En revanche, une véranda donne de très bons résultats.

EMPLACEMENT : aussi lumineux que possible, en évitant le soleil direct en plein été.

HUMIDITÉ : vaporisez les feuilles en hiver dès que la température atteint 15 °C pour éviter leur chute prématurée. En été, un bon bassinage (douche) en soirée est apprécié.

ARROSAGE : très généreux à chaque fois, pour imbiber totalement la motte, mais à des fréquences suffisamment espacées pour que l'humidité ne soit pas permanente.

FERTILISATION : apportez un engrais liquide pour bonsaï une fois par mois durant la période de croissance, excepté en plein été.

ENNEMIS ET MALADIES : cochenilles et acariens sont fréquents dans les intérieurs chauds et secs, et les aleurodes en serre.

REMPOTAGE : tous les 2 ou 3 ans de début avril à mi-mai, en éliminant entre le tiers et la moitié du volume racinaire.

SUBSTRAT : terreau, terre de jardin et sable de rivière en mélange à parts égales.

TAILLE : pincez les tiges à 2 feuilles plusieurs fois dans la saison car la plante pousse vite. Taille de structure en février.

Ce beau spécimen très bien équilibré de Zanthoxylum piperitum *est âgé de 32 ans, style* Hokidachi *(balai).*

LIGATURE : cette intervention est peu utile car les rameaux sont assez fragiles.

REMARQUE : cet arbre doit être considéré comme un bonsaï d'extérieur dans le Midi et sur le littoral bien abrité de l'Atlantique.

AVERTISSEMENT : attention, les rameaux portent des épines discrètes, mais acérées.

LE CONSEIL DE **PATRICK MIOULANE**

Sortez cet arbre à mi-ombre durant tout l'été, en lui évitant toutefois les courants d'air, cela l'aidera à fleurir (blanc) en septembre.

Ainsi que le font ses congénères dans la nature, ce bonsaï de Ficus benjamina *développe de nombreuses racines aériennes qui viennent s'ancrer dans le sol. Cette espèce fait partie des arbres que l'on nomme couramment « banians ».*

Les espèces tropicales

En Chine du Sud, à Taïwan et dans les îles les plus australes de l'archipel japonais règne un climat subtropical aux étés chauds et humides et aux hivers doux et peu pluvieux. Dans les régions situées entre les tropiques du Cancer et du Capricorne, le climat est tropical, c'est-à-dire chaud et humide toute l'année, ce qui favorise le développement d'une végétation spécifique.

La plupart des bonsaïs cultivables toute l'année dans nos intérieurs sont importés de ces régions. En raison des conditions climatiques qu'ils connaissent dans leur pays d'origine, ces arbres ont besoin d'une grande humidité atmosphérique qui devrait croître avec la température ambiante.

Malheureusement, en hiver, dès que la température dépasse 18 °C dans la maison, l'hygrométrie baisse. Il faut donc l'augmenter par divers artifices. Posez des saturateurs sur les radiateurs, installez les bonsaïs sur des plateaux remplis de gravillons humides, vaporisez le feuillage matin et soir. Dans une véranda chauffée, installez un humidificateur électrique ou un système de brouillard (fog).

Carmona microphylla (Boraginaceae)

NOM COMMUN : arbre à thé de Chine, ehretia à petites feuilles.
ORIGINE : Asie du Sud-Est.
ACCLIMATATION : le carmona se comporte bien dans un intérieur moyennement chauffé (minimum 15 °C, idéal 18 °C).
EMPLACEMENT : aussi lumineux que possible, tout en évitant le plein soleil en été.
HUMIDITÉ : une brumisation quotidienne s'impose dès que le chauffage est actionné et lorsque la température estivale atteint, par temps sec, 25 °C et plus.
ARROSAGE : la motte doit se ressuyer entre deux apports d'eau. Il est conseillé de baigner la plante pour bien imbiber tout le substrat.
FERTILISATION : un apport mensuel d'engrais liquide pour bonsaï, excepté en juillet et en août.
ENNEMIS ET MALADIES : cochenilles, chlorose, pucerons.
REMPOTAGE : en avril, tous les 2 ans. Taillez les racines de la moitié de leur longueur.
SUBSTRAT : terreau, terre de bruyère, akadama et sable grossier à parts égales.
TAILLE : pincez les jeunes pousses à 2 feuilles dès qu'elles en ont développé 6 ou 7. La taille de formation s'effectue en février.
LIGATURE : généralement peu pratiquée car la taille suffit. Ne laissez pas le fil de cuivre plus de 8 semaines.

Ce Carmona microphylla, *âgé de seulement 19 ans, a déjà fière allure avec son tronc tourmenté (style* Nejikan*).*

REMARQUE : vous pouvez sortir le carmona dans le jardin à mi-ombre tout l'été.
AVERTISSEMENT : éloignez le carmona de toute source de chauffage pour éviter un jaunissement brutal et la chute des feuilles.

LE CONSEIL DE PATRICK MIOULANE

Dans de bonnes conditions de culture, ne vous inquiétez pas d'une chute partielle du feuillage en automne et en hiver, surtout dans une véranda tempérée. En effet, le carmona est un arbre semi-persistant.

Eugenia cauliflora
(Myrtaceae)

NOM COMMUN : prunier de Java, eugénie.
ORIGINE : Indonésie.
ACCLIMATATION : assez bonne dans la maison car cet arbre aime la chaleur (15 °C minimum, idéal : 18/24 °C), mais il préfère la lumière généreuse d'une verrière.
EMPLACEMENT : sans courant d'air, très lumineux, mais pas de plein soleil en été.
HUMIDITÉ : très importante, vaporisez toute l'année car le feuillage sèche très vite et prend une texture de papier avant de tomber.
ARROSAGE : par trempage de la motte, mais épisodique, il faut que le substrat se ressuie bien entre deux apports d'eau.
FERTILISATION : des granulés d'engrais à action lente (Osmocote) au printemps, puis un engrais organique liquide en automne.
ENNEMIS ET MALADIES : aleurodes, cochenilles farineuses, taches foliaires.
REMPOTAGE : entre mars et début mai, tous les 2 ou 3 ans, pas plus souvent car la croissance est assez lente.
SUBSTRAT : terre de jardin, terreau et sable de rivière en mélange à parts égales.
TAILLE : équilibrez et aérez la ramure 3 ou 4 fois par an, mais sans excès. Taillez à 2 feuilles les jeunes pousses.
LIGATURE : nécessaire pour former des « plateaux » horizontaux, laissez le fil de cuivre en place durant 3 mois.
REMARQUE : cet arbre porte désormais le nom botanique officiel de *Plinia cauliflora*, Il est aussi parfois présenté dans le genre *Myricaria*. Son nom d'espèce signifie que les fleurs apparaissent sur les tiges.
AVERTISSEMENT : les petites baies brunes, qui apparaissent rarement en culture, sont comestibles (saveur acide).

Cet Eugenia cauliflora *âgé de 35 ans présente une ramure bien étagée caractéristique du style* Tachiki *(droit).*

LE CONSEIL DE PATRICK MIOULANE

Installez le prunier de Java sur un plateau contenant des gravillons toujours maintenus humides et sortez-le à la belle saison dans un endroit demi-ombragé du jardin.

Eugenia uniflora
(*Myrtaceae*)

NOM COMMUN : cerisier de Cayenne, pitanguier, cerise à côtes, cerise carrée.
ORIGINE : Surinam, Brésil.
ACCLIMATATION : pas facile dans un intérieur où l'arbre va manquer d'humidité et de lumière (surtout en hiver) sans problème dans une serre (minimum 15/18 °C).
EMPLACEMENT : le plus lumineux possible, mais sans soleil direct brûlant.
HUMIDITÉ : au minimum 60 % pour éviter la chute intempestive du feuillage, vaporisez-le matin, midi et soir dès que la température atteint et dépasse les 20 °C.
ARROSAGE : très généreux, mais espacé pour bien laisser ressuyer les racines. Un trempage dans de l'eau tempérée est idéal.
FERTILISATION : un apport d'engrais organique liquide au printemps (mars-avril) et en automne (septembre).
ENNEMIS ET MALADIES : aleurodes, cochenilles, chlorose, taches foliaires. Attention aux acariens, très virulents dès que l'air reste chaud et sec.
REMPOTAGE : en avril tous les 3 ans. Taillez les racines d'un bon tiers et augmentez la dimension de la coupe.
SUBSTRAT : akadama, sable de rivière, terreau tourbeux en mélange bien équilibré, avec un peu de graviers au fond du pot.
TAILLE : pincez les jeunes pousses en avril et fin octobre pour équilibrer la silhouette. Réalisez la taille de structure en février.

Cet Eugenia uniflora *âgé de 20 ans est conduit à la fois dans les styles* Han-Kengai *(semi-cascade)* et Tachiki *(droit).*

LIGATURE : toute l'année sur les branches latérales, le fil devant rester 3 mois.
REMARQUE : cette plante est voisine des *Syzygium* que l'on appelait jadis *Eugenia*.
AVERTISSEMENT : les baies rouges sont comestibles, acides mais désaltérantes.

LE CONSEIL DE **PATRICK MIOULANE**

Utilisez de l'eau non calcaire pour la vaporisation afin de ne pas tacher les feuilles, ce qui est inesthétique et provoque leur vieillissement prématuré.

Ficus benjamina
(Moraceae)

NOM COMMUN : figuier étrangleur, figuier pleureur, benjamina.
ORIGINE : Inde, Malaisie.
ACCLIMATATION : très facile dans un appartement peu chauffé (minimum 13 °C, optimal de 18 à 22 °C). Il s'agit sans aucun doute d'une des espèces les plus accommodantes dans la maison.
EMPLACEMENT : en pleine lumière, sans soleil brûlant. Un éclairage insuffisant provoque une chute des feuilles anormale.
HUMIDITÉ : vaporisez à toute époque de l'année, dès que la température atteint 18 °C. Augmentez la fréquence si le feuillage jaunit.
ARROSAGE : copieux pour bien imbiber la motte, mais pas trop fréquent, maximum tous les 2 jours en été, pas plus d'une fois par semaine l'hiver. Utilisez toujours de l'eau à la température ambiante de la pièce.
FERTILISATION : un engrais liquide pour bonsaï une fois par mois, sauf en hiver.
ENNEMIS ET MALADIES : cochenilles, acariens, pucerons. Les thrips produisent des taches grisâtres sur les feuilles qui tombent.
REMPOTAGE : tous les 2 ou 3 ans au printemps, en supprimant la moitié des racines et en augmentant la taille du pot.
SUBSTRAT : terre de bruyère, akadama, terreau et sable en mélange à parts égales.
TAILLE : pincez les jeunes pousses à 2 feuilles, lorsqu'elles en ont développé 5 ou 6. Taille de structure en février.

Ce Ficus benjamina *'Starlight', âgé de 15 ans, prend naturellement une silhouette de style* Hokidachi.

LIGATURE : elle est généralement inutile pour cette espèce qui se structure seule.
REMARQUE : l'arbre forme naturellement un « balai », souvent un peu trop dense.
AVERTISSEMENT : aérez bien la pièce, mais sans provoquer de courants d'air frais.

LE CONSEIL DE **PATRICK MIOULANE**

Baignez le feuillage une fois par mois dans une solution alcoolisée pour le dépoussiérer et lutter contre les ravageurs. Vaporiser par temps sec évite les araignées rouges.

Ficus nerifolia
(Moraceae)

NOM COMMUN : figuier à feuilles de saule, figuier à feuilles de laurier rose.

ORIGINE : Inde, Népal.

ACCLIMATATION : facile dans un intérieur clair et pas trop chauffé (minimum 13 °C, optimum de 18 à 22 °C tout l'année).

EMPLACEMENT : la proximité immédiate d'une fenêtre exposée à l'est est idéale, évitez le soleil direct durant le plein été.

HUMIDITÉ : vaporisez régulièrement le feuillage toute l'année pour éviter une chute intempestive du feuillage.

ARROSAGE : épisodique mais très copieux à chaque fois pour imbiber la motte. Le trempage est idéal, surtout en été. L'hiver ne donnez pas d'eau plus d'une fois par semaine.

FERTILISATION : au printemps, apportez un petit peu d'engrais à action lente et progressive (type Osmocote) ou arrosez une fois par mois avec un engrais liquide pour bonsaï.

ENNEMIS ET MALADIES : cochenilles, acariens, pucerons, pourriture des racines lorsque les arrosages sont trop fréquents.

REMPOTAGE : en avril-mai, tous les 2 ans en supprimant la moitié des racines.

SUBSTRAT : terre de bruyère, akadama, terreau et sable en mélange à parts égales.

TAILLE : pincez toute l'année les nouvelles pousses afin d'équilibrer la silhouette.

LIGATURE : à pratiquer toute l'année sur les rameaux ligneux. Laissez le fil de cuivre en place entre 4 et 6 mois, jamais plus.

Cette petite forêt composée de cinq Ficus nerifolia *âgés de 6 à 12 ans, illustre bien le style* Goson-Yose.

REMARQUE : respectez la forme naturelle de cette espèce, arrondie et ample.

AVERTISSEMENT : la production de latex est abondante, tamponnez les plaies de taille avec une éponge humide pour cautériser.

LE CONSEIL DE **PATRICK MIOULANE**

Ne laissez pas cette espèce très vigoureuse former un buisson inextricable et n'hésitez pas à « tailler dans le vif », même en pleine saison de croissance, afin de maintenir une ramure élégante et bien équilibrée.

Ficus retusa
(Moraceae)

NOM COMMUN : banian chinois, figuier banian, laurier indien.
ORIGINE : Australie, Nouvelle-Calédonie, Malaisie ; cette espèce s'est naturalisée dans de nombreuses régions tropicales.
ACCLIMATATION : très aisée à la maison dans une pièce claire, aérée et tempérée (minimum 16 °C, optimum de 18 à 22 °C).
EMPLACEMENT : aussi lumineux que possible, mais sans soleil direct aux heures les plus chaudes de l'été.
HUMIDITÉ : une bonne moiteur favorise le développement des racines aériennes si recherchées chez cette espèce. Brumisez toute l'année, au moins une fois par jour.
ARROSAGE : laissez bien sécher la motte entre deux apports d'eau très abondants. Un trempage une fois par mois est apprécié.
FERTILISATION : un apport d'engrais organique au printemps, puis un arrosage mensuel avec une solution peu concentrée.
ENNEMIS ET MALADIES : cochenilles, acariens, pucerons, taches foliaires.
REMPOTAGE : en avril, tous les 3 ans, pas plus. Éliminez la moitié du volume du système racinaire et agrandissez le pot.
SUBSTRAT : terre de bruyère, akadama, terreau et sable en mélange à parts égales.
TAILLE : pincez à 2 feuilles les pousses qui en ont formé 6 ou 7.
LIGATURE : indispensable pour les jeunes sujets. Maintenez le fil entre 6 et 8 mois.

Ce Ficus retusa *âgé de 22 ans façonné dans le style* Nejikan *(tronc tourmenté), bénéficie d'un éclairage artificiel.*

REMARQUE : pour respecter la botanique, on devrait nommer cette espèce : *Ficus microcarpa*, ce qui signifie « à tout petits fruits ». Un effeuillage total est conseillé tous les 2 ou 3 ans en mai-juin.
AVERTISSEMENT : c'est le plus facile des bonsaïs d'intérieur, débutez avec !

LE CONSEIL DE PATRICK MIOULANE

Posez le pot en permanence sur une coupe contenant des gravillons ou de la pouzzolane constamment maintenus humides.

Gardenia augusta
(Rubiaceae)

NOM COMMUN : gardénia, jasmin du Cap.
ORIGINE : Chine, Japon.
ACCLIMATATION : très délicate dans la maison, la réussite est plus probable dans une serre tempérée, mais c'est une plante capricieuse à réserver aux jardiniers experts.
EMPLACEMENT : lumineux, mais sans soleil direct, surtout pas de courants d'air.
HUMIDITÉ : très importante, jamais stagnante. Une vaporisation du feuillage est appréciée, en dehors de la floraison.
ARROSAGE : ne pas laisser sécher sans détremper est la clé du succès. Lorsque la plante est en boutons, augmentez légèrement la fréquence des apports d'eau.
FERTILISATION : après la floraison seulement, aportez un engrais organique liquide pour orchidée ou rhododendron.
ENNEMIS ET MALADIES : cochenilles, aleurodes, chlorose très fréquente.
REMPOTAGE : en mai, tous les 2 ans, lorsque la croissance vient juste de reprendre. Éliminez un bon tiers des racines. C'est une opération délicate, peu appréciée par la plante, facilement sujette au stress.
SUBSTRAT : acide avec 1/2 terre de bruyère, 1/4 sable de rivière, 1/4 akadama.
TAILLE : après la floraison, il faut réduire la longueur des jeunes rameaux à 2 ou 3 feuilles. Pratiquez la taille de formation en hiver, sans couper de trop grosses branches.
LIGATURE : à éviter lorsque c'est possible.

Ce Gardenia augusta (jasminoides), *âgé de 30 ans, offre une ramure bien structurée dans le style* Tachiki *(droit).*

REMARQUE : les boutons floraux tombent si la plante manque d'eau ou subit des différences brutales de température.
AVERTISSEMENT : le gardénia gagne à séjourner dans un endroit ombragé et abrité du jardin durant toute la belle saison.

LE CONSEIL DE PATRICK MIOULANE

Si vous ligaturez les branches, protégez l'écorce fragile, en la bandant, mais sans serrer, avec du raphia humide. Utilisez du fil fin, laissé en place 2 mois au maximum.

Murraya paniculata
(Rutaceae)

NOM COMMUN : oranger jasmin, bois de satin, buis de Chine.

ORIGINE : Asie tropicale.

ACCLIMATATION : assez facile dans un intérieur aéré et bien chauffé (minimum 17 °C, idéal 19/24 °C), mais cet arbre fleurit bien mieux dans une serre.

EMPLACEMENT : près d'une grande fenêtre orientée à l'est, dans une pièce jamais soumise aux courants d'air froid.

HUMIDITÉ : aussi importante que possible, vaporisez le feuillage toute l'année.

ARROSAGE : généreux, mais sans que la motte reste détrempée en permanence.

FERTILISATION : un engrais liquide à action rapide au printemps, un engrais organique au début de l'automne.

ENNEMIS ET MALADIES : aleurodes, acariens, taches foliaires (mildiou), oïdium.

REMPOTAGE : entre fin avril et début mai, tous les 2 ans. Éliminez la moitié du volume des racines, puis placez la plante dans une ambiance chaude et humide.

SUBSTRAT : tourbe, akadama, terreau et sable de rivière en mélange à parts égales.

TAILLE : pincez les pousses à 2 feuilles, dès qu'elles en ont formé 6. Ne taillez pas à partir de juin de manière à permettre la formation des boutons floraux.

LIGATURE : de préférence pendant la croissance, sur les rameaux bien lignifiés, laissez le fil de cuivre entre 6 et 8 semaines.

Le style Tachiki *(droit) adopté pour ce* Murraya paniculata*, âgé de 40 ans, permet d'admirer sa belle écorce dorée.*

REMARQUE : les petites fleurs blanches parfumées donnent des fruits (baies) rouge orangé à la fin de l'été.

AVERTISSEMENT : pour obtenir une floraison, il faut respecter une dormance hivernale (lumière forte, température plus basse et arrosages parcimonieux).

LE CONSEIL DE **PATRICK MIOULANE**

Sortir le murraya dans le jardin en été dans un endroit mi-ombragé est le meilleur moyen d'obtenir une floraison.

Plectranthus ernestii (Lamiaceae)

NOM COMMUN : plectranthe d'Ernest, menthe bonsaï.
ORIGINE : Afrique du Sud.
ACCLIMATATION : facile dans une pièce tempérée et peu chauffée en hiver (10 °C minimum), une véranda étant idéale.
EMPLACEMENT : pleine lumière toute l'année, même le soleil direct en été.
HUMIDITÉ : assez faible surtout l'hiver car la plante doit subir une forte dormance. Ne pas mouiller le feuillage car il est duveteux.
ARROSAGE : régulier durant la végétation, sans dépasser 2 fois par semaine, même par forte chaleur, quasi nul l'hiver.
FERTILISATION : apportez un engrais organique en granulés au tout début de la végétation, puis en automne.
ENNEMIS ET MALADIES : cochenilles surtout en hiver, pourriture dès que les arrosages ou l'humidité sont trop élevés.
REMPOTAGE : en avril, tous les 3 à 5 ans, pas plus. Un pot étroit convient.
SUBSTRAT : sable grossier, terreau léger et akadama en mélange par tiers.
TAILLE : pour bien équilibrer la silhouette, réduire les jeunes pousses des trois quarts de leur longueur dans le courant de l'automne.
LIGATURE : inutile, les tiges sont tendres.
REMARQUE : la racine tubéreuse (caudex) qui constitue un organe de réserve, se développe hors du sol, donnant l'impression trompeuse d'un tronc court et charnu.

Cet imposant Plectranthus ernestii, *âgé de 12 ans, expose un feuillage généreux dans le style* Sôkan *(deux troncs).*

AVERTISSEMENT : l'arrêt complet de la végétation en hiver peut entraîner une chute partielle, voire totale du feuillage, sans que cela entraîne de conséquences fâcheuses, la végétation repartant bien au printemps.

LE CONSEIL DE PATRICK MIOULANE

Sortez cette plante succulente dans le jardin en plein soleil durant l'été : elle fleurira sans doute en petites grappes dressées, composées de fleurs bleues portées par de longs pédoncules qui dépassent la ramure.

Podocarpus macrophyllus
(*Podocarpaceae*)

NOM COMMUN : pin des bouddhistes, podocarpe, kusamaki à bois jaune.
ORIGINE : Chine, Japon.
ACCLIMATATION : assez facile dans une pièce peu chauffée (minimum 13 °C), mais nécessite l'abri d'une verrière pendant les mois d'hiver.
EMPLACEMENT : très lumineux, le soleil direct est apprécié. Si le feuillage s'éclaircit, c'est le signe d'une lumière insuffisante.
HUMIDITÉ : vaporisez le feuillage en hiver, dès que la température atteint 15 °C et quotidiennement durant la végétation.
ARROSAGE : modéré, sans jamais détremper la motte, ni la laisser sécher.
FERTILISATION : apportez un engrais à action lente au printemps (Osmocote), puis un engrais organique en automne.
ENNEMIS ET MALADIES : cochenilles, pucerons, acariens, taches cryptogamiques.
REMPOTAGE : début mai, tous les 3 ans. Ne taillez pas plus du tiers des racines.
SUBSTRAT : akadama, sable de rivière, terreau et terre de bruyère en mélange.
TAILLE : pincez les chandelles (nouvelles pousses) en septembre. Équilibrez la silhouette au printemps en coupant au-dessus d'une touffe de feuilles.
LIGATURE : au printemps, orientez les tiges ligneuses, en laissant en place le fil de cuivre entre 6 et 8 semaines.

Ce Podocarpus macrophyllus, *âgé de 35 ans, fait admirer ses feuilles sombres dans le style* Hokidachi *(balai).*

REMARQUE : chez ce conifère, les plantes sont unisexuées (dioïques), seuls les sujets femelles portent en automne des cônes ovoïdes qui rougissent en mûrissant.
AVERTISSEMENT : un manque de lumière entraîne la formation de feuilles longues, décolorées et inesthétiques.

LE CONSEIL DE PATRICK MIOULANE

Un complément de produit antichlorose à base de chélate de fer (Séquestrène) est très valable pour entretenir la couleur vert profond des feuilles.

Polyscias fruticosa
(Araliaceae)

NOM COMMUN : aralia ming.
ORIGINE : Inde, Asie, Océanie.
ACCLIMATATION : assez facile à la maison, dans une pièce correctement chauffée, (minimum 15/17 °C, idéal 20/24 °C).
EMPLACEMENT : à 1 m d'une fenêtre car le soleil direct n'est pas du tout apprécié. La mise en place d'un voile translucide est indispensable durant l'été.
HUMIDITÉ : très importante, vaporisez toute l'année au moins une fois par jour.
ARROSAGE : assez soutenu, sans jamais détremper. Durant la végétation, maintenez la surface du substrat légèrement humide.
FERTILISATION : un engrais liquide pour bonsaï une fois par mois d'avril à fin juin, puis de début septembre à fin octobre.
ENNEMIS ET MALADIES : araignées rouges, cochenilles. Les taches foliaires sont dues à l'alternartiose (champignon).
REMPOTAGE : au printemps tous les 2 ans, avant que la plante n'ait repris sa croissance. Taillez un tiers des racines.
SUBSTRAT : terreau d'écorce, sable de rivière et tourbe en mélange bien équilibré. L'ajout d'un peu de gravier est conseillé.
TAILLE : pincez les tiges au fur et à mesure de leur croissance, pour conserver l'équilibre et une silhouette bien ramifiée. N'hésitez pas à supprimer une grosse branche de temps en temps pour obtenir une ramure aérée.
LIGATURE : déconseillée (tiges tendres).

Très vaporeux, ce Polyscias fruticosa *âgé de 8 ans s'exprime dans le style* Kabudachi *(troncs groupés).*

REMARQUE : l'aralia ming a tendance à émettre des rejets qu'il faut supprimer.
AVERTISSEMENT : cet arbre présente une légère toxicité. Ne laissez pas les enfants prendre ses pousses tendres pour du persil (on l'appelle aussi « aralia persil » !).

LE CONSEIL DE **PATRICK MIOULANE**

Sortez le polyscias dans le jardin à mi-ombre entre début mai et fin septembre, en le plaçant à l'abri des courants d'air. Douchez le feuillage chaque soir en été.

Sagareta theezans
(Rhamnaceae)

NOM COMMUN : arbre à thé de Sageret, arbre à plumes.
ORIGINE : Chine du Sud.
ACCLIMATATION : délicate dans la maison, c'est plutôt une espèce à cultiver dans une véranda tempérée (minimum 12 °C en hiver).
EMPLACEMENT : lumineux, mais pas de soleil direct aux heures chaudes de l'été.
HUMIDITÉ : proportionnelle à la température. Placez la plante sur un lit de gravillons ou de pouzzolane humides, vaporisez au moins une fois par jour l'été.
ARROSAGE : assez espacé pour que le substrat sèche légèrement en surface, mais très copieux pour mouiller en profondeur.
FERTILISATION : un engrais à action lente au printemps (Osmocote), puis un engrais organique liquide au début de l'automne.
ENNEMIS ET MALADIES : aleurodes, oïdium, cochenilles, acariens, chlorose.
REMPOTAGE : en avril-mai tous les 2 ou 3 ans. Éliminez la moitié du volume racinaire et agrandissez le pot.
SUBSTRAT : un mélange homogène et proportionné d'akadama, sable de rivière, terreau tourbeux et terre de bruyère.
TAILLE : pincez les jeunes pousses à 2 feuilles dès qu'elles en ont développé au moins 6. La taille de structure se pratique en hiver pour aérer la silhouette.
LIGATURE : le fil est laissé en place 2 mois tout au plus sur les pousses ligneuses.

Formant un joli paysage, ce Sageretia theezans *de 30 ans illustre le style* Sambon-Yose *(forêt à trois sujets).*

REMARQUE : ne laissez pas d'eau stagner sur les feuilles en permanence, car cela favorise le développement des maladies cryptogamiques auxquelles le sagéretia se montre particulièrement sensible.
AVERTISSEMENT : les jeunes pousses cassant facilement, isolez la plante.

LE CONSEIL DE PATRICK MIOULANE

Achetez cette espèce plutôt au printemps : elle s'acclimatera mieux – l'hiver constitue toujours une période difficile.

Schefflera actinophylla
(Araliaceae)

NOM COMMUN : aralia élégant, arbre ombrelle, arbre poulpe.

ORIGINE : Nouvelle-Guinée.

ACCLIMATATION : facile dans un appartement pas trop chauffé (minimum 10 °C, optimum 16/20 °C).

EMPLACEMENT : en pleine lumière, mais sans soleil direct durant l'été.

HUMIDITÉ : modérée, vaporisez seulement durant l'été ou lorsque la température dépasse 18 °C dans la pièce en hiver.

ARROSAGE : parcimonieux en hiver (une fois tous les 7 à 10 jours), pas trop abondant l'été (2 fois par semaine) car le scheffléra redoute les excès d'eau.

FERTILISATION : un apport mensuel d'engrais liquide pour bonsaï de mars à octobre permet une croissance harmonieuse.

ENNEMIS ET MALADIES : cochenilles, alternariose (taches huileuses), pucerons.

REMPOTAGE : en mars, tous les 2 ou 3 ans, raccourcissez les racines de moitié. Une coupe plate est bien appréciée.

SUBSTRAT : akadama, terreau tourbeux et sable de rivière en mélange à parts égales. Ajoutez un peu de gravier pour le drainage.

TAILLE : raccourcissez toutes les tiges au printemps. La plante peut être totalement défeuillée en juin tous les 3 ans, pas plus. Supprimez l'hiver les branches en surnombre.

LIGATURE : déconseillée car le bois est tendre et serait blessé par le fil de cuivre.

Ce Schefflera actinophylla, *âgé de 40 ans, évoque un banian dans le style* Neku *(racines aériennes).*

REMARQUE : chez cet arbre, qui est parfois appelé *Brassaia actinophylla*, laissez bien se développer les racines aériennes car elles constituent un apport décoratif important.

AVERTISSEMENT : trop de vaporisation produit de grandes feuilles inesthétiques.

LE CONSEIL DE PATRICK MIOULANE

De début mai à fin septembre, sortez le scheffléra dans un endroit mi-ombragé et bien abrité du jardin. Il appréciera l'aération naturelle et la fraîcheur nocturne.

Serissa foetida
(Rubiaceae)

NOM COMMUN : arbre aux mille étoiles, neige de juin, ciel de Pékin.
ORIGINE : Inde, Chine, Japon.
ACCLIMATATION : plus aisée dans une véranda tempérée [minimum 5/10 °C l'hiver] que dans la maison où il fait trop chaud.
EMPLACEMENT : le plus lumineux possible, mais sans soleil direct aux heures les plus chaudes, surtout sur les racines, très fragiles.
HUMIDITÉ : vaporisez toute l'année en fonction de la température ambiante, excepté pendant la période de floraison. Posez le bonsaï sur des gravillons humides.
ARROSAGE : ne pas laisser la motte se dessécher, sinon la plante réagit très vite par une importante chute de feuilles.
FERTILISATION : apportez un engrais liquide pour bonsaï tous les 15 jours, excepté en juillet-août et décembre-janvier.
ENNEMIS ET MALADIES : pourriture grise en cas d'humidité stagnante, aleurodes, acariens, cochenilles, pucerons, oïdium.
REMPOTAGE : en mars-avril, tous les ans pour les jeunes sujets, tous les 2 ans pour des plantes déjà bien structurées.
SUBSTRAT : sable de rivière, akadama, terre de bruyère en mélange à parts égales.
TAILLE : durant la végétation, pincez à 2 feuilles les nouvelles pousses qui atteignent 10 cm de long, cela stimule la floraison.
LIGATURE : en juin, avec un fil fin, sans serrer. Retirer la ligature en septembre.

Deux Serissa foetida *âgés de 20 ans, dont un à feuilles panachées, dans les styles* Hokidachi *et* Neagari.

REMARQUE : les rameaux ou les racines taillés exhalent une odeur fétide. Cet arbre se bouture très facilement d'où son faible prix.
AVERTISSEMENT : rempotez toujours avant la formation des boutons floraux pour ne pas vous priver des petites corolles blanches.

LE CONSEIL DE PATRICK MIOULANE

Supprimez à leur point de naissance les rejets qui se forment régulièrement sur le tronc et les racines aériennes, car ils épuisent inutilement la plante.

Syzygium cumini
(Myrtaceae)

NOM COMMUN : jamblon, jamelonier, jamlongue, tété négresse.
ORIGINE : Inde, Java.
ACCLIMATATION : délicate dans la maison, car c'est une plante de serre chaude qui manque d'hygrométrie dans un intérieur.
EMPLACEMENT : chaud (minimum 17 °C), très éclairé, mais sans soleil brûlant. La température doit être assez constante pour éviter une chute brutale du feuillage.
HUMIDITÉ : aussi forte que possible en toute saison, vaporisez 2 fois par jour. Une ambiance confinée est très appréciée.
ARROSAGE : très abondant à chaque apport, mais assez espacé pour éviter une stagnation de l'humidité au niveau des racines.
FERTILISATION : un apport d'engrais liquide pour bonsaï une fois par mois de mars à juin et en septembre et octobre.
ENNEMIS ET MALADIES : aleurodes, cochenilles, pucerons, acariens s'il fait sec.
REMPOTAGE : en avril, tous les 2 ou 3 ans. Placez la plante nouvellement rempotée sur la plaque de protection d'un radiateur pour mettre les racines au chaud.
SUBSTRAT : mélange équilibré de terre de jardin (ou akadama), terreau et sable de rivière.
TAILLE : 2 ou 3 pincements courts (2 feuilles) des jeunes pousses par an. En hiver, une taille de structure est utile pour équilibrer et simplifier la ramure.

De style Tachiki, *ce* Syzygium cumini *âgé de 18 ans est inséré dans un paysage rocheux formant un bonkei.*

LIGATURE : déconseillée (tiges tendres).
REMARQUE : cette espèce est réputée dans la médecine ayurvédique pour ses propriétés antidiabétiques et digestives.
AVERTISSEMENT : la croissance est rapide et touffue, aérez bien la frondaison.

LE CONSEIL DE **PATRICK MIOULANE**

Ne taillez pas après la floraison afin de bénéficier de la très intéressante fructification (comestible). Les baies, d'abord vertes, deviennent noires à maturité. Elles se forment sur les plantes les plus saines.

Syzygium paniculatum (*Myrtaceae*)

NOM COMMUN : cerisier d'Australie, eugénie à feuille de myrte, cerisier broussaille, cerisier de savane.
ORIGINE : Australie.
ACCLIMATATION : plus facile en serre que dans la maison (minimum 15/17 °C) où l'arbre va manquer d'hygrométrie.
EMPLACEMENT : très clair, mais sans soleil violent, surtout l'été en milieu de journée.
HUMIDITÉ : une très forte moiteur est indispensable, brumisez le feuillage toute l'année avec de l'eau non calcaire si possible.
ARROSAGE : par trempage, chaque fois que le substrat a séché sur 1 cm en surface, avec de l'eau à température ambiante.
FERTILISATION : un engrais minéral à action lente au printemps, suivi en automne d'un apport d'engrais organique liquide.
ENNEMIS ET MALADIES : aleurodes, cochenilles, pucerons, taches foliaires.
REMPOTAGE : tous les 2 ans vers la mi-avril, lorsque le substrat est épuisé.
SUBSTRAT : akadama, terreau souple et sable de rivière en mélange à parts égales.
TAILLE : aérez la ramure au départ de la végétation car cette espèce buissonne fortement. Pincez les jeunes pousses à 2 feuilles jusqu'à fin mai. Ensuite, laissez les tiges se développer pour qu'elles puissent fleurir et former leurs fruits roses ou rouges.
LIGATURE : cette pratique n'est pas adaptée à la végétation buissonnante de l'espèce.

Ce Syzygium paniculatum, *âgé de 12 ans, est planté sur un rocher, la caractéristique du style* Sekijoju.

REMARQUE : *Syzygium paniculatum* est couramment planté dans les haies en Californie et en Floride. Ses fruits à la saveur acidulée sont comestibles.
AVERTISSEMENT : ne laissez pas les mousses se développer sur le tronc.

LE CONSEIL DE PATRICK MIOULANE

Durant la floraison (blanche), n'effectuez aucun pincement. En revanche, apportez un peu d'engrais si vous souhaitez profiter d'une fructification abondante.

Wrightia religiosa
(Apocynaceae)

NOM COMMUN : jasmin d'eau, prunier d'eau sauvage, étoile de Marie.
ORIGINE : Asie du Sud-Est.
ACCLIMATATION : assez difficile dans la maison en raison des besoins de lumière et d'hygrométrie, la réussite est assurée en serre chauffée (minimum 14/15 °C).
EMPLACEMENT : en pleine lumière, mais sans soleil direct l'été, et surtout à l'abri des courants d'air froids, très mal supportés.
HUMIDITÉ : le besoin constant d'eau toute l'année, nécessite de vaporiser plusieurs fois par jour, excepté durant la floraison, car si les fleurs sont mouillées, elles tombent vite.
ARROSAGE : généreux, mais attendez que la motte sèche légèrement en surface avant d'apporter de l'eau tempérée et non calcaire.
FERTILISATION : un engrais organique à action lente au tout début du printemps sera suivi d'un nouvel apport après la floraison.
ENNEMIS ET MALADIES : pucerons, aleurodes, acariens, cochenilles farineuses.
REMPOTAGE : en avril, tous les 3 ans, en éliminant un tiers des racines maximum.
SUBSTRAT : terre de bruyère, terreau, akadama et sable de rivière en mélange, avec environ 10 % de petits graviers.
TAILLE : pincez les toutes jeunes pousses jusqu'à fin avril, puis 2 ou 3 fois après la floraison (généralement en juin.)
LIGATURE : les tiges bien lignifiées supporte le fil de cuivre durant 3 ou 4 mois.

Ce Wrightia religiosa, *âgé de 65 ans, fait admirer son large tronc crevassé, caractéristique du style* Sabamiki.

REMARQUE : il existe de beaux cultivars à feuilles panachées. Les fleurs exhalent un parfum ténu, mais délicieux.
AVERTISSEMENT : les forts écarts de température font tomber les feuilles.

LE CONSEIL DE PATRICK MIOULANE

Dégagez bien les racines épaisses qui sont très décoratives et forment une belle assise conférant à l'arbre toute sa personnalité. Grattez la mousse qui les recouvre : elle garde l'humidité, ce qui favorise la pourriture.

D'origine mexicaine, Zamia furfuracea *forme un bonsaï naturel d'une grande solidité, idéal pour composer des bonkeis.*

Les résistantes

On peut attribuer ce qualificatif à des plantes qui, provenant de contrées plus ou moins arides, présentent l'avantage de bien résister à la sécheresse. Elles sont conseillées à tous ceux qui débutent dans l'art du bonsaï, car leur culture ne présente guère de difficultés. Ces plantes résistent aux périodes sèches, grâce à leurs tissus épais (succulents) qui retiennent l'eau ou à leur feuillage vernissé qui ralentit l'évaporation. Leur important système racinaire sert aussi parfois de réserve souterraine bien protégée des rayons du soleil.

Ces plantes réussissent en bonsaï dans des pots relativement importants. Elles requièrent un emplacement très clair et un substrat bien drainé. Il est possible de les laisser sécher quelques jours sans réels dommages, jusqu'à ce que les feuilles se rident ou même que les plus jeunes tombent. Arrosées ensuite soigneusement (pendant 2 à 3 semaines), elles se ramifient spontanément et fleurissent abondamment. Ces périodes de stress ou de dormance hivernale dans une ambiance fraîche et sèche sont même indispensables pour l'obtention d'une floraison.

Adenium obesum (*Apocynaceae*)

NOM COMMUN : rose du désert, lis des impalas, baobab chacal, faux baobab.
ORIGINE : Soudan, Namibie.
ACCLIMATATION : il faut offrir à cette plante une pièce très peu chauffée en hiver (10/14 °C) et surtout d'une grande luminosité. Une verrière est préférable.
EMPLACEMENT : plein soleil toute l'année. La plante supporte de grands écarts de température et ne craint pas la forte chaleur.
HUMIDITÉ : ne pas vaporiser en hiver ; c'est une plante de climat sec, mais qui aime être rafraîchie les soirs d'été par un bassinage.
ARROSAGE : assez faible, jamais plus d'une fois par semaine, excepté pendant toute la période de floraison (tous les 4 jours).
FERTILISATION : un engrais pour cactus au départ de la végétation est suffisant.
ENNEMIS ET MALADIES : cochenilles l'hiver et aleurodes l'été. Gare à la pourriture des racines si l'arrosage n'est pas maîtrisé !
REMPOTAGE : tous les 2 ans, juste avant le départ de la végétation. Agrandir le pot n'est pas obligatoire, tant qu'il reste bien proportionné avec la ramure de la plante.
SUBSTRAT : sable, akadama, gravier fin et terreau en mélange à parts égales.
TAILLE : le plus souvent inutile, équilibrez simplement les rameaux qui ont beaucoup poussé, afin de garder la plante compacte.
LIGATURE : déconseillée ; les tiges sont charnues et l'écorce trop tendre.

On comprend, à voir cette floraison somptueuse, pourquoi Adenium obesum *est parfois appelé « rose du désert ».*

REMARQUE : l'adenium est une plante qui sécrète un latex toxique, irritant pour les muqueuses. Attention lors de la taille.
AVERTISSEMENT : évitez à tout prix l'humidité stagnante au niveau de racines.

LE CONSEIL DE PATRICK MIOULANE

Cultivez l'adenium comme un cactus, en lui offrant un séjour en plein air, en plein soleil, de fin avril à mi-octobre. C'est le seul moyen d'obtenir une floraison qui peut perdurer plusieurs mois durant l'été.

Crassula arborescens
(Crassulaceae)

NOM COMMUN : arbre de jade, crassule arbustive, dollar d'argent.
ORIGINE : Afrique du Sud.
ACCLIMATATION : très facile dans une pièce claire et tempérée (minimum 10 °C, optimum de 16 à 20 °C), car cette plante supporte bien la sécheresse atmosphérique.
EMPLACEMENT : soleil direct toute l'année, même très intense. Le risque dans la maison est un manque de lumière, pas le contraire.
HUMIDITÉ : ne pas vaporiser, car cela tache le feuillage et favorise le développement de diverses maladies cryptogamiques.
ARROSAGE : parcimonieux en hiver, modéré en été pour éviter la dessiccation du substrat. L'eau ne doit surtout pas stagner sous le pot après l'arrosage.
FERTILISATION : un engrais organique à action lente au printemps ou un engrais pour cactus en avril-mai et en septembre.
ENNEMIS ET MALADIES : les cochenilles farineuses, très fréquentes, surtout l'hiver, peuvent détruire un crassula adulte.
REMPOTAGE : avant le redémarrage printanier, tous les 2 ou 3 ans.
SUBSTRAT : terreau de rempotage et sable grossier en mélange à parts égales. Les terreaux pour « cactées » du commerce sont généralement trop fins, pas assez drainants.
TAILLE : à n'importe quelle époque de l'année, juste pour aérer la ramure, en évitant simplement que les tiges se croisent.

Ce groupe de Crassula arborescens*, âgé de 8 ans, forme une petite forêt de sept troncs, caractéristique du style* Nanahon-Yose.

LIGATURE : inutile, la taille suffit pour la formation, et les tiges sont bien trop tendres pour supporter le fil de cuivre.
REMARQUE : ne fertilisez jamais cette plante en hiver (dormance obligatoire).
AVERTISSEMENT : le feuillage épais résiste bien à la pollution dans les villes.

LE CONSEIL DE PATRICK MIOULANE

Sortez cette plante dans le jardin en plein soleil ou sur le balcon dès la fin avril : c'est le seul moyen pour qu'elle fleurisse.

Cycas revoluta (Cycadaceae)

NOM COMMUN : palmier de la paix, sagou du Japon, faux palmier, sagoutier.
ORIGINE : Chine tropicale, sud du Japon.
ACCLIMATATION : très difficile dans un intérieur, bien plus aisé dans une orangerie. Température minimale : 5 °C. Cette plante résiste en pleine terre sur la Côte d'Azur.
EMPLACEMENT : plein soleil non brûlant ou mi-ombre légère à l'extérieur en été.
HUMIDITÉ : vaporisez en hiver, dès que la température atteint 15 °C de manière à rafraîchir la plante. Le reste de l'année, un air sec est beaucoup mieux apprécié.
ARROSAGE : tout dépend du volume de terre disponible pour la plante, mais ne dépassez jamais une fois par semaine.
FERTILISATION : un engrais pour palmier ou cactus à action lente au printemps.
ENNEMIS ET MALADIES : cochenilles en hiver. Une ponctuation de petites taches jaunes ou une décoloration partielle ou totale de la feuille indique un excès d'humidité.
REMPOTAGE : au tout début du printemps tous les 3 ans, en taillant légèrement les racines charnues assez fragiles.
SUBSTRAT : terre de jardin, tourbe blonde, terreau et sable en mélange à parts égales avec un généreux drainage au fond du pot.
TAILLE : la seule intervention consiste à éliminer la vieille couronne de feuilles une fois qu'une nouvelle s'est développée.
LIGATURE : totalement inutile.

Placé dans une coupe à l'ancienne, ce Cycas revoluta *âgé de 10 ans adopte le style* Korabuki *(plusieurs troncs).*

REMARQUE : souvent confondu avec un palmier, le cycas est une plante beaucoup plus primitive qui ne fleurit pas, mais forme des cônes (gymnospermes).
AVERTISSEMENT : la croissance du cycas est désespérément lente, n'achetez pas un sujet trop petit (minimum 10 ans).

LE CONSEIL DE PATRICK MIOULANE

C'est une plante solide à faire séjourner à l'extérieur le plus longtemps possible durant la belle saison, ce qui lui évite de jaunir.

Portulacaria afra
(Crassulaceae)

NOM COMMUN : arbre de jade, pourpier en arbre, buisson aux éléphants.
ORIGINE : Afrique australe.
ACCLIMATATION : très facile dans un intérieur pas trop chauffé (minimum 10 °C en hiver, idéal de 15 à 18 °C toute l'année).
EMPLACEMENT : plein soleil toute l'année, même brûlant. Dans la maison, cette plante manque souvent de lumière et se décolore.
HUMIDITÉ : le pourpier en arbre résiste fort bien à la sécheresse, inutile de vaporiser.
ARROSAGE : aussi modéré que possible car tout excès d'eau peut lui être mortel. Attendez que les feuilles se rident légèrement pour ajouter de l'eau, c'est plus prudent.
FERTILISATION : un apport printanier d'engrais pour cactées suffit pour l'année.
ENNEMIS ET MALADIES : mildiou (taches décolorées), cochenilles farineuses.
REMPOTAGE : au printemps tous les 3 ans, sans trop tailler les racines, car elles sont fragiles et pourrissent facilement.
SUBSTRAT : terreau de rempotage et sable de rivière en mélange par moitié. Ajoutez quelques graviers (jusqu'à 20 %) pour vous assurer que l'eau ne stagnera pas dans le sol.
TAILLE : épointez les petites pousses afin d'équilibrer la silhouette et maintenir une bonne compacité de la ramure. La plante forme normalement une boule compacte.
LIGATURE : possible mais difficile parce que les branches cassent très facilement.

Trapu, mais bien architecturé, ce Portulacaria afra *'Lemon', âgé de 22 ans, s'exprime dans le style* Kabudachi.

REMARQUE : cette plante se bouture avec une facilité étonnante dans du sable, une bonne occasion pour obtenir une collection.
AVERTISSEMENT : si vous sortez la plante pour l'été, abritez-la des pluies car elle n'y résistera pas.

LE CONSEIL DE PATRICK MIOULANE

Si vous disposez de très peu de temps pour l'entretien ou que vous débutez, choisissez cette plante, car elle ne nécessite presque pas d'intervention et aime être « oubliée ».

Rhapis excelsa
(*Arecaceae*)

NOM COMMUN : palmier à canne, palmier baguette, palmier chinois.
ORIGINE : Asie du Sud-Est.
ACCLIMATATION : facile dans un intérieur, même sec, car c'est une espèce très solide. Température minimale : 15 °C, idéale : 20 °C.
EMPLACEMENT : à mi-ombre, jamais de soleil direct de mai à fin septembre. La proximité d'une grande fenêtre est toutefois indispensable durant la période hivernale.
HUMIDITÉ : vaporiser le feuillage 1 ou 2 fois par jour toute l'année évite le jaunissement et ralentit le dessèchement de l'extrémité des palmes.
ARROSAGE : uniquement lorsque la surface du substrat est bien sèche. Ce palmier craint l'humidité, et plus encore l'eau stagnante.
FERTILISATION : un peu d'engrais liquide pour palmier au printemps et en automne.
ENNEMIS ET MALADIES : thrips, cochenilles, taches foliaires, dont la fusariose qui provoque le brunissement des palmes.
REMPOTAGE : en mars-avril tous les 3 ans, taillez la moitié du volume racinaire et offrez à la plante un pot un peu plus grand.
SUBSTRAT : akadama, terre de bruyère, terreau d'écorce et de tourbe, et sable de rivière en mélange à parts égales.
TAILLE : éliminez les rejets en surnombre, et les parties abîmées ; il n'y a pas de taille de formation à réaliser.
LIGATURE : inutile, pas de ramifications.

Cette touffe de Rhapis excelsa *âgée de 18 ans, s'associe à des rochers pour former un paysage (style* Saikei*).*

REMARQUE : le rhapis n'est pas un véritable bonsaï, mais comme il reste bien compact, il forme un joli paysage végétal en pot.
AVERTISSEMENT : les courants d'air froids sont fatals à ce palmier qui n'apprécie pas non plus les écarts rapides de température.

LE CONSEIL DE PATRICK MIOULANE

Nettoyez régulièrement les palmes avec une éponge imbibée de bière pour les faire briller et freiner l'apparition des cochenilles, ces insectes pouvant anéantir la plante.

Informations utiles

BONSAÏ RÉMY SAMSON
25, rue de Chateaubriand
92290 Châtenay-Malabry

BG AND YOU BONSAÏ CENTER
RN 147, La Cour-d'Hénon
86170 Cisse

ARTBONSAI.FREE.FR
(nombreuses fiches techniques
assez détaillées)

PARLONSBONSAI.COM
(informations variées et bien détaillées)

MONBONSAI.COM
(site québecquois avec beaucoup
d'informations et de conseils de culture
sur l'ensemble des espèces de bonsaïs)

EDGBONSAI.FR
(site officiel de Bonsaï Europe,
très complet avec forum, revue, liens
pour les passionnés et les collectionneurs)

WWW.BONSAIMONTREAL.COM
Société de Bonsaï et de Penjing
de Montréal
Jardin botanique de Montréal

Index

La plupart des bonsaïs illustrés dans ce livre proviennent de la collection Rémy Samson – Musée du Bonsaï (Chatenay-Malabry).

Crédits photographiques

Pour le placement des photographies :
b = bas ; h = haut ; d = droite ; g = gauche
Les photographies suivantes sont de l'agence MAP/Mise au Point :
A. Descat : 16, 25, 44 ; P. Aversenq : 41hg ; F. Buffetrille : 40hg ; F. Lamarque : 40hd ; N. Pasquel : 2, 11, 12d, 13, 15, 22, 26-27, 30, 31, 33, 34, 42, 46-47, 48-49, 51, 58, 59, 60, 61, 62, 63, 64, 65, 66, 68, 70, 72, 74, 76, 78, 84, 85, 88, 89, 90, 91, 92 ; F. Strauss : 4, 18, 40bd, 73. Toutes les autres photographies : Nicole & Patrick Mioulane.
P. 93 : ©Fotolia/marugod83.
P. 94 : ©Fotolia/Schwoab.

Direction : Catherine Saunier-Talec
Édition : Anne Le Meur
Traduction : Marie Duval
Révision : Juliette Collonge
Conception graphique et Mise en page :
le bureau des affaires graphiques

Photographie de couverture :
Gilles Jacob
(stylisme : Le bureau des affaires Graphiques)
Fabrication : Amélie Latsch et Francis Verdelet
L'éditeur remercie Laura Fidler pour son aide précieuse.

Dépôt légal : février 2013
23-55-1110-01-8
ISBN : 978-2-01-231110-7
Achevé d'imprimer en décembre 2012 par Castelli Bolis Poligrafiche (Italie).

Pour l'éditeur, le principe est d'utiliser des papiers composés de fibres naturelles, renouvelables, recyclables et fabriquées à partir de bois issus de forêts qui adoptent un système d'aménagement durable. L'éditeur attend également de ses fournisseurs de papier qu'ils s'inscrivent dans une démarche de certification environnementale reconnue.